Holger Dannenberg
Vertriebsmarketing – Wie Strategien laufen lernen

Holger Dannenberg

Vertriebsmarketing –

Wie Strategien laufen lernen

Luchterhand

Die Deutsche Bibliothek – CIP Einheitsaufnahme

Dannenberg, Holger:
Vertriebsmarketing – Wie Strategien laufen lernen / Holger Dannenberg. – Neuwied ; Kriftel ; Berlin : Luchterhand, 1997
  ISBN 3-472-02682-0

Lektorat: Stefanie Brunn, Dr.rer.pol. Thomas Hermann

Alle Rechte vorbehalten
© 1997 by Luchterhand Verlag GmbH, Neuwied · Kriftel · Berlin
Das Werk einschließlich aller seiner Teile ist urheberrechtlich geschützt.
Jede Verwertung außerhalb der strengen Grenzen des Urheberrechtsgesetzes ist ohne Zustimmung des Verlags unzulässig und strafbar. Das gilt insbesondere für Vervielfältigungen, Übersetzungen, Mikroverfilmungen und die Einspeicherung und Verarbeitung in elektronischen Systemen.
Inhaltliche Konzeption: Mercuri Goldmann International GmbH Meerbusch bei Düsseldorf
Umschlaggestaltung und Layout: Reckels und Schneider-Reckels, Wiesbaden
Satz: SVG, Darmstadt
Druck, Bindung: Wilhelm & Adam, Heusenstamm
Printed in Germany, Dezember 1996

∞ Gedruckt auf säurefreiem, alterungsbeständigem und chlorfreiem Papier

Geleitwort von Edgar K. Geffroy

Wir sind mittendrin im größten wirtschaftlichen, kulturellen und politischen Wandel der letzten 100 Jahre. Der Aufbruch ins nächste Jahrtausend in Richtung Informationsgesellschaft läßt keinen Stein mehr auf dem anderen. Das trifft insbesondere auf Unternehmen zu. Auch Unternehmen, egal wie erfolgreich bisher, stehen vor dem größten Umbau Ihrer Firmengeschichte.

Die Frage ist nur, wie Unternehmen damit umgehen.

In meiner mittlerweile 18jährigen Beratungspraxis erlebe ich immer wieder Resultate isolierter Vorgehensweisen. Ich habe viele gute Strategien gesehen, nur keinen, der sie umsetzt. Andere hatten sehr gute Konzepte, nur fehlte die Begeisterung oder Vertrieb und Marketing hatten sich nichts zu sagen.

Holger Dannenberg hat es auf den Punkt gebracht

»Wie Strategien laufen lernen« wird jeden Praktiker jubilieren lassen. Endlich wird der vernetzte Ansatz einer Strategie konkretisiert. Vision, Strategie und Umsetzung, sowie das Zusammenspiel zwischen Marketing und Vertrieb, bilden erst als Ganzes eine Einheit. Nehmen Sie eins heraus, kann der Erfolg sich nicht mehr einstellen.

Ich bin begeistert, daß Holger Dannenberg endlich Strategien lauffähig macht, indem er die Summe als Ganzes darstellt. Dieses Buch ist ein Muß für alle, die ihr Unternehmen umbauen müssen.

Die besten Gelegenheiten ergeben sich, wenn man die Grundregeln ändert.

»Wie Strategien laufen lernen« wird jedem helfen.

Edgar K. Geffroy
Clienting-Begründer

Düsseldorf, August 1996

Danksagung

Basis für dieses Buch sind die Erfahrungen der vielen Kunden und Berater von Mercuri Goldmann.

Aber ohne die tatkräftige und kompetente Unterstützung meines Kollegen, Dr. Frank Wiese, und ohne das Verständnis und die Geduld der drei wichtigsten Frauen in meinem Leben, Monika, Laura und Linda, wäre es nie geschrieben worden.

Holger Dannenberg   Düsseldorf, September 1996

Inhaltsverzeichnis

Abbildungsverzeichnis IX
Verzeichnis der Checklisten XIII
Hinweise für den Nutzer XV

Teil 1 - Die Bedeutung der Strategieumsetzung für den Markterfolg 1
I. Zeigen Strategien noch Wirkung im Markt? 3
II. Die drei grundlegenden Voraussetzungen für Markterfolge 5
III. Der Status der Strategieumsetzung in der Praxis 7
IV. Prominente Stimmen aus der Praxis 10

Teil 2 - Der Vertrieb, das wichtigste Marketinginstrument 15
I. Die Bedeutung des Vertriebs bei der Strategieumsetzung ... 17
II. Die Stärken und Schwächen des persönlichen Verkaufs 22
    II.1. Die Kosten 22
    II.2. Die Einzigartigkeit des persönlichen Verkaufs 23
    II.3. Der Engpaßfaktor aktive Verkaufszeit 26
    II.4. Die Sales Lead Time 27
    II.5. Die kurzfristige Erfolgsorientierung 28
    II.6. Die Abneigung gegen Analysen, Planungen und Schriftlichkeit 29

Teil 3 - Die fünf Schritte zur Strategieumsetzung im Vertrieb .. 33
I. Überblick zu den Arbeitsschritten 35
II. 1. Schritt: Vertriebsinformationen als Strategiebasis ... 44
    II.1. Der blinde Fleck des Marketing bei Absatzmittlern .. 48
    II.2. Der blinde Fleck des Marketing beim industriellen Anwender 52
    II.3. Der blinde Fleck des Marketing bei der Wettbewerbsbeobachtung 56
    II.4. Die zur Verfügung stehenden Vertriebskapazitäten ... 58
    II.5. Die Gestaltung des Informationsflusses vom Vertrieb an Marketing 64
III. 2. Schritt: Die vertriebsorientierte Formulierung der Strategie oder welche Strategieelemente sollen durch den Vertrieb umgesetzt werden? 72
    III.1. Umfang und Inhalt von Strategieinformationen für den Vertrieb 72

Inhaltsverzeichnis

    III.2. Die Umsetzung der Produktpolitik durch den Vertrieb 78
    III.3. Die Umsetzung der Preispolitik durch den Vertrieb 83
    III.4. Die Umsetzung der Distributionspolitik durch den Vertrieb 85
    III.5. Die Umsetzung der Kommunikationspolitik durch den Vertrieb 89
IV. 3. Schritt: Die strategiekonforme Gestaltung der Vertriebskonzeption 93
    IV.1. Differenzierte Vertriebsziele 93
    IV.2. Organisations- und Kommunikationsstruktur 96
    IV.3. Allgemeine Steuerungssysteme zur Strategieumsetzung... 100
        IV.3.1. Variable Entlohnungssysteme 101
        IV.3.2. Beurteilungssysteme 105
        IV.3.3. Die Aus- und Weiterbildung der Vertriebsmitarbeiter 110
    IV.4. Der Einsatz von unterstützendem Material/VKF......... 114
V. 4. Schritt: Die Rolle der Führungskräfte bei der Strategieumsetzung... 118
    V.1. Die Inhalte der Führungsarbeit zur Strategieumsetzung ... 119
    V.2. Das Führungsverhalten und die Führungsinstrumente..... 127
VI. 5. Schritt: Die Durchführung der Verkaufsarbeit zur Strategieumsetzung 133
    VI.1. Die Motivation................................... 133
    VI.2. Die systematische Aktivitätsplanung.................. 135
    VI.3. Die Kontaktatmosphäre 145
    VI.4. Die Kontaktinhalte............................... 149
    VI.5. Das Kontaktverhalten............................. 154
    VI.6. Das Teamverhalten 156
    VI.7. Ein Modell für einen strategischen Verkäufer........... 157
Schlußwort 161
Kurzbiographie des Autors 162
Glossar und Key Words 163
Stichwortverzeichnis 167

Beachten Sie auch die Falttafel »Vorgehensweise zur Strategieumsetzung im Vertrieb« in der Umschlagseite 3

Abbildungsverzeichnis:

Abbildung 1: Überblick zu den Kapiteln	XV
Abbildung 2: Die einzelnen Phasen der Marktbearbeitung und die Professionalität bei der Durchführung	5
Abbildung 3: Wie gut setzt der Vertrieb die Marketingstrategie um bzw. wie effektiv unterstützt die Marketingabteilung den Vertrieb?	8
Abbildung 4: Für wie gut halten Sie die Abstimmungsprozesse zwischen Marketing und Vertrieb?	9
Abbildung 5: Die klassischen Instrumente zur Strategieumsetzung	17
Abbildung 6: Wirkungsdimensionen des persönlichen Verkaufs	19
Abbildung 7: Beteiligung verschiedener Unternehmensbereiche/ Abteilungen an der Strategieerstellung und -umsetzung	20
Abbildung 8: Die Kosten eines Kundenkontakts durch den Verkauf (Beispielrechnung)	22
Abbildung 9: Vergleich der Kosten pro Kundenkontakt	23
Abbildung 10: Die verschiedenen Präferenzstrategien und ihre Bedeutung in der Praxis	25
Abbildung 11: Die Hebelwirkung der aktiven Verkaufszeit	26
Abbildung 12: Die möglichen Effekte der Sales Lead Time	28
Abbildung 13: Die Besonderheiten von Verkaufsmannschaften	30
Abbildung 14: Übersicht zu den Arbeitsschritten zur Strategieumsetzung im Vertrieb	35
Abbildung 15: Wichtige Vertriebsinformationen als Basis der Strategieerstellung	36
Abbildung 16: Vertriebsaufgaben aus Sicht der Verkaufs- und Marketingleiter	37
Abbildung 17: Die Elemente eines Vertriebskonzepts zur Strategieumsetzung	38
Abbildung 18: Die Elemente der persönlichen Führungsebene bei der Strategieumsetzung	39
Abbildung 19: Die Elemente der Personen-/Durchführungsebene bei der Strategieumsetzung	41
Abbildung 20: Die einzelnen Schritte der Strategieumsetzung im Vertrieb	42
Abbildung 21: Vertriebsinformationen als wichtige Grundlage der Strategieformulierung und Zielsetzung	44
Abbildung 22: Defizite bei der Wahrnehmung ausgewählter Vertriebsaufgaben	46

Abbildungsverzeichnis

Abbildung 23: Übliche Aufteilung der Verkaufszeit bei etablierten Verkaufsmannschaften 59
Abbildung 24: Zusammenhang zwischen Verkaufsaktivitäten und -ergebnissen 60
Abbildung 25: Beispiel zur Überprüfung der Umsetzungsfähigkeit einer Strategie anhand von Vertriebskennziffern. 63
Abbildung 26: Barrieren zwischen Vertrieb und Marketing 66
Abbildung 27: Welche Informationen erhalten Sie regelmäßig vom Vertrieb? 67
Abbildung 28: Einfluß des Marketing auf das Berichtswesen (aus Sicht der Marketingleiter) 68
Abbildung 29: Grobraster für ein Berichtssystem mit aussagefähigen Vertriebsinformationen, die zu Kennziffern verdichtet werden können 69
Abbildung 30: Wie häufig haben Marketingmitarbeiter an Kundenbesuchen teilgenommen? 70
Abbildung 31: Welche Informationen erhalten Sie von der Marketingabteilung? 72
Abbildung 32: Strategieinformationen und Vertriebsaufgaben: die entscheidende Schnittstelle 73
Abbildung 33: Grundlegende Strategieebenen und -alternativen 74
Abbildung 34: Produkt-/Kundenmatrix zur Strategieumsetzung durch den Vertrieb. 76
Abbildung 35: Die Vermittlung der Strategie zur Ableitung der Vertriebsaufgaben 77
Abbildung 36: Die gemeinsame Wirkung von sachlichen und emotionalen Leistungskriterien.................. 79
Abbildung 37: Die verschiedenen Dimensionen der Produktleistung. 80
Abbildung 38: Intensität und Zielgruppen der Kundenkontakte von verschiedenen Unternehmensmitarbeitern 90
Abbildung 39: Stärken und Schwächen der einzelnen Vertriebsfunktionen 97
Abbildung 40: Praxisbeispiel vertriebsinterner Kommunikationsstrukturen eines Markenartikelunternehmens 98
Abbildung 41: Praxisbeispiel vertriebsinterner Kommunikationsstrukturen eines Investitionsgüterherstellers........ 99
Abbildung 42: Beispiel für ein Beurteilungssystem zur Strategieumsetzung im Vertrieb 107
Abbildung 43: Qualitative Anforderungen an die Vertriebsarbeit im Rahmen der Strategieumsetzung 109
Abbildung 44: Der Lernprozeß am Beispiel des Autofahrens 112

Abbildungsverzeichnis

Abbildung 45: Ablauf des Qualifizierungsprozesses zur Strategieumsetzung 113
Abbildung 46: Der Einsatz von Verkaufsförderungsaktionen zur Strategieumsetzung 115
Abbildung 47: Individuelle Berechnung der persönlichen Ziele 119
Abbildung 48: Der Zusammenhang zwischen Aktivitäts- und Ergebnisveränderungen 124
Abbildung 49: Der Verkaufsleitungsplan zur Strategieumsetzung... 125
Abbildung 50: Qualifizierung der Mitarbeiter zur Strategieumsetzung 129
Abbildung 51: Beispiel Kaufplattform 137
Abbildung 52: Anforderungsprofil zur Selektion von Kunden nach strategischen Kriterien 139
Abbildung 53: Praxisbeispiel eines Anforderungsprofils aus der Marktforschungs-Branche 139
Abbildung 54: Beispiel für eine Verhandlungsplattform in der Chemischen Industrie 141
Abbildung 55: Beispiel für eine gewichtete Verhandlungsplattform . 141
Abbildung 56: Das Plattformmodell zur Darstellung des Verkaufszyklus 142
Abbildung 57: Beispiel zur Berechnung des notwendigen Aktivitätsvolumens zur Strategieumsetzung............... 144
Abbildung 58: Dienstleistungsqualität durch individuelle Kontaktatmosphäre 148
Abbildung 59: Praxisbeispiel für ein Bedarfsprofil aus der Markenartikelindustrie und das entsprechende Angebotsprofil 152
Abbildung 60: Die Berücksichtigung der Strategie im Kontaktverhalten 155
Abbildung 61: Der strategische Verkäufer 158

Verzeichnis der Checklisten:

Checkliste 1: Typische Vertriebsinformationen über Absatzmittler	51
Checkliste 2: Typische Vertriebsinformationen über industrielle Anwender	54
Checkliste 3: Wettbewerbsbeobachtung durch den Vertrieb	57
Checkliste 4: Die Ressourcen einer Vertriebsmannschaft	60
Checkliste 5: Auswahl von Vertriebskennziffern zur Bestimmung des Aktivitätsaufwands des Vertriebs bei Strategieänderungen	62
Checkliste 6: Die Aufgaben des Vertriebs bei der Umsetzung der Produktpolitik	81
Checkliste 7: Typische Vertriebsaufgaben bei der Umsetzung der Preispolitik	84
Checkliste 8: Informationsbedarf zum Abbau von Unsicherheiten bei der Ansprache neuer Zielgruppen/Distributionsausweitungen	87
Checkliste 9: Typische Vertriebsaufgaben bei der Umsetzung der Distributionspolitik	88
Checkliste 10: Typische Vertriebsaufgaben bei der Umsetzung der Kommunikationspolitik	92
Checkliste 11: Wie geeignet ist Ihr variables Entlohnungssystem zur Strategieumsetzung?	104
Checkliste 12: Anforderungen an Verkaufsförderungsaktionen zur Strategieumsetzung	116
Checkliste 13: Prüffragen zur Festlegung von individuellen Produkt- und Kundenzielen pro Verkäufer	120
Checkliste 14: Grundlagen der Kontaktinhalte zur Strategieumsetzung	153

Hinweise für den Nutzer

Sie, die Leser und Nutzer, durchlaufen gemeinsam mit mir in diesem Buch fünf Stationen. Damit Sie den Aufbau besser nachvollziehen können, lernen

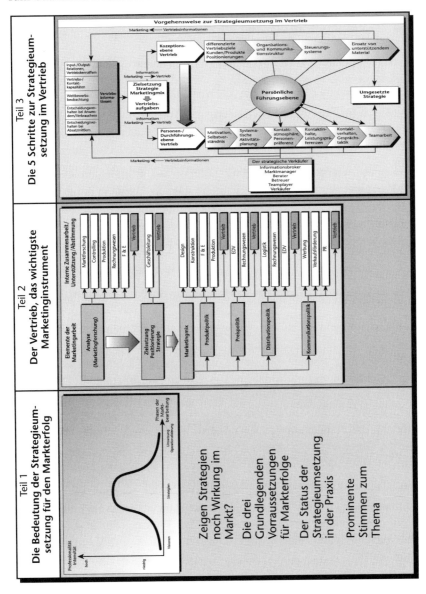

Abbildung 1: Überblick zu den Kapiteln

Hinweise für den Nutzer

Sie ihn hier kurz vorab kennen (vgl. Abb. 1). Außerdem finden Sie in diesem Buch eine Vielzahl von praktischen Hilfsmitteln. Zu ihrer erfolgreichen Anwendung in der Praxis erhalten Sie ebenfalls schon jetzt einige Erläuterungen.

Teil 1 – Verlieren Strategien an Wirkung?

Marketingspezialisten und Verkäufer klagen unisono über die fehlenden Wirkungen von Strategien im Markt. Analytiker und Strategen können in vielen Fällen trotz ausgefeilter Konzepte letztlich nur über den Preis Erfolge erzielen. Neue Produkte müssen häufig mit Brachialgewalt in den Markt gedrückt werden. Verkäufer klagen seit eh und je über die Elfenbeinturm-Mentalität der Strategen und fordern praxisgerechtere Konzepte.

Was ist passiert? Reagiert der Markt nicht mehr auf Strategien oder können die Verkäufer nur nicht mehr verkaufen? – Beides dürfte in der Regel nicht zutreffen. Damit Strategien laufen lernen, muß vor allem die Verzahnung von Vertriebsarbeit und Strategie weitaus intensiver und professioneller gestaltet werden, als es bisher in den meisten Unternehmen üblich ist.

Teil 2 – Die Bedeutung des Vertriebs für die Strategieumsetzung

Es ist sicher schwer zu entscheiden, welcher Unternehmensbereich wie wichtig für die Strategieumsetzung ist. Allerdings nimmt der Vertrieb dabei fast immer eine besondere Rolle ein, denn er ist im Gegensatz zu den anderen Abteilungen ein multifunktionales Umsetzungsinstrument. Durch den Vertrieb können mehrere Strategieelemente quasi zeitgleich in den Markt transportiert werden. Die Bandbreite reicht von der Realisierung bestimmter Produkt- und Kundenumsätze über das Mitwirken bei der Produktgestaltung und das Durchsetzen von Preisniveaus bis hin zur Ansprache neuer Kundengruppen sowie der Vermittlung von Images und Positionierungen.

Ferner lernen Sie in diesem Kapitel die wichtigsten generellen Stärken und Schwächen des Vertriebs kennen. Er kann einer Strategie ein einzigartiges Profil geben und er verfügt über die meisten Wirkungsdimensionen. Er ist aber auch ein teures, eigenwilliges und schwer zu steuerndes Marketinginstrument.

Teil 3 – Die 5 Schritte zur Strategieumsetzung im Vertrieb

Die Fallgruben und Stolpersteine für eine mangelhafte Strategieumsetzung lauern an vielen Stellen im Unternehmen. Alle, die an der Entstehung und Umsetzung von Strategien beteiligt sind, wachen eifersüchtig über ihre jeweiligen Kompetenzen. Sie schotten sich ab und wehe der eine will dem anderen Vorschriften machen. Aber neben der fehlenden grundsätzlichen Kooperationsbereitschaft ist es vor allem die unzureichende Kommunikation, die dafür sorgt, daß Strategien oftmals gar nicht umsetzungsfähig sind oder vom Vertrieb überhaupt nicht wahrgenommen werden.

Kommen Sie deshalb mit in ein Trainingscamp. Lernen Sie, wie Sie Ihren Strategien das Laufen beibringen können. Wir beschäftigen uns z. B. damit, wie Sie die Kapazitäten Ihres Vertriebs analysieren und ihn als Marktforschungsinstrument nutzen können. Sie erfahren, welche Aufgaben der Vertrieb bei der Strategieumsetzung und Ausgestaltung der Marketinginstrumente übernehmen kann. Sie lernen die vier wesentlichen Bestandteile einer Vertriebskonzeption (wohlgemerkt: Vertriebs- und nicht Marketingkonzeption) kennen und wie sie auf Strategien ausgerichtet werden. Sie werden verstehen, warum wir auch in Zukunft noch Führungskräfte im Vertrieb brauchen und welche Auswirkungen die Strategieumsetzung auf die Tagesarbeit der Verkäufer hat.

Kurzum: Sie erhalten nicht nur viele Informationen, sondern auch einen systematischen Arbeitsplan für das konsequentere Umsetzen Ihrer Strategien im Vertrieb – praxisgeprüft, entwickelt aus der Zusammenarbeit mit zahlreichen renommierten Unternehmen und somit sofort umsetzbar.

Aber dieses Buch ist nicht nur für Strategen geschrieben, sondern auch für Verkäufer. Verabschieden müssen wir uns allerdings vom kontaktstarken Strahlemann, der immer gut gelaunt einen Witz auf den Lippen hat. Das heißt nicht, daß Charisma und persönliche Ausstrahlungskraft in Zukunft überflüssig sind. Nur sie allein reichen als Erfolgsgrundlage nicht mehr aus. Der Verkäufer des Jahres 2000 muß sich als Strategieumsetzer verstehen und mehr als nur Kontaktkompetenz haben. Der strategische Verkäufer, wird insgesamt sogar sechs verschiedene Funktionen beherrschen müssen – egal, ob er in der Investitionsgüter-, Konsumgüter- oder Dienstleistungsbranche arbeitet.

Für alle, die es nicht abwarten können: Im Buchrücken steckt ein Übersichtsposter mit allen Trainingslektionen.

Dieses Buch ist kein Rezeptbuch, sondern eine Arbeitsanleitung. Es beinhaltet viele Beispiele und Checklisten, die sicherlich oft auf Ihre Branche

Hinweise für den Nutzer

übertragbar sind. Aber eben nicht immer. Hier müssen Sie, meine Leser, eine Transferleistung erbringen. Deshalb: Über die Ideen nachdenken, nicht über die Formulierungen (die nutze ich, um die Idee zu transportieren).

Bevor es losgeht noch einige organisatorische Hinweise. Sie finden verschiedene Lesehilfen, die Ihnen die Anwendung des Buches und das Umsetzen in Ihre konkrete betriebliche Praxis erleichtern sollen. Sie haben sich im Marketing-Fachbuch Messen Meßbar Machen bewährt und ich übernehme sie daher als Instrument der Leserführung.

Jedes Kapitel wird mit einem FOKUS abgeschlossen, der für Sie nochmals die wichtigsten Kerngedanken zusammenfaßt.

Checklisten sind grau eingekastet und über das Symbol Häkchen am Rand zu identifizieren. Empfehlung: Herauskopieren, an ihre Situation anpassen und den Umsetzungsgrad Ihrer Strategie damit überprüfen und verbessern.

Bestimmte Stellen im Text sind mit einem Stoppschild versehen. Das Stoppschild fordert Sie zum Innehalten, zum Nachdenken auf. Wie ist es eigentlich in Ihrem Unternehmen um den angesprochenen Sachverhalt bestellt? Was können Sie besser machen?

Mit dem Icon (Piktogramm) P am Rande werden Sie auf besondere Praxisbeispiele bzw. den Originalton von Praktikern aufmerksam gemacht.

Sie finden keine Literaturempfehlungen im Anhang des Buches. Warum? – Ganz einfach, weil es zu diesem Thema bisher keine grundlegende oder weiterführende Literatur gibt.

Um den Begriffswirrwarr in Grenzen zu halten, verwende ich den Begriff Marketing oder Marketingabteilung stellvertretend für alle Strategieverantwortlichen. Auch mache ich keinen Unterschied zwischen den Begriffen Verkauf und Vertrieb.

Interessierte Leser haben mit der beiliegenden Anforderungskarte die Möglichkeit zu einem Kurzdialog mit mir.

Holger Dannenberg

Teil 1
Die Bedeutung der Strategieumsetzung für den Markterfolg

I. Zeigen Strategien noch Wirkung im Markt?

Markterfolge zu erzielen war noch nie einfach und jedes Jahrzehnt hatte seine eigenen Herausforderungen. Passend dazu wurden in der modernen Managementliteratur bislang immer neue Arbeitstechniken, Erfolgsmethoden und Instrumente präsentiert. Es verging kaum ein Jahr, in dem nicht ein neuer Trend kreiert wurde oder ein neues Schlagwort die Diskussionen beherrschte. In aller Regel handelt es sich dabei aber nur um längst bekannte Grundsätze oder Vorgehensweisen, die in der Praxis allerdings häufig nicht oder nur unvollständig berücksichtigt werden. Betriebsvergleiche gab es schon immer, nur heißen sie heute Benchmarking. Früher war der Kunde König, heute wird ein Customer-Focus-Programm initiiert und statt der guten alten Qualitätssicherung betreiben wir Total Quality Management.

Doch auch durch das Optimieren von einzelnen Instrumenten konnten längst nicht alle Probleme bewältigt werden. Wir haben es in den 90er Jahren mit einer neuen Art von Anforderungen zu tun. Selbst ausgefeilte Strategien können häufig nichts an den enorm hohen Flopraten von Neuprodukten ändern. Die Kundentreue nimmt vielfach dramatisch ab, auch geringe Preisdifferenzen führen sofort zu Kundenverlusten. Bei Investitionsgütern können für technische Vorsprünge nur noch selten höhere Preise erzielt werden. Der Erfolg von Dienstleistungen wird in vielen Fällen mehr von der Persönlichkeit der »leistenden« Mitarbeiter bestimmt, als von der Unternehmensstrategie.

Kein Wunder, daß die Kritik am klassischen Marketing, das stellvertretend für die strategieverantwortlichen Abteilungen steht, immer lauter wird. Haben Marktbearbeitungskonzepte und Strategien damit ausgedient? Sind Märkte nicht mehr analysierbar und damit auch nicht mehr kalkulierbar? Muß etwas völlig Neues gefunden werden?

Wohl kaum. Auch wenn es heutzutage schwieriger ist, Marktbedürfnisse richtig zu erfassen und die Vergleichbarkeit der Angebote permanent ansteigt, so haben sich doch die Grundlagen aller Konzepte, die Gesetzmäßigkeiten von Kaufentscheidungen, nicht geändert. Sie sind allerdings manchmal schwieriger zu erkennen und werden immer individueller und filigraner. Doch auch für diese Herausforderungen müßte das bestehende Handwerkszeug zur Erstellung von wirksamen Marktbearbeitungskonzepten ausreichen. Aber woran liegt es dann, daß Strategien und Konzepte immer weniger Wirkung zeigen? Die Antwort ist relativ einfach, in der Praxis aber

Die Bedeutung der Strategieumsetzung für den Markterfolg

nur schwer umzusetzen. Statt einseitiger Optimierung der Instrumente müssen vor allem die **Prozesse verbessert**, **Reibungsverluste beseitigt** und **Schnittstellen harmonisiert** werden.

II. Die drei grundlegenden Voraussetzungen für Markterfolge

Bei der Betrachtung der drei grundlegenden Anforderungen/Arbeitsschritte für eine erfolgreiche Marktbearbeitung werden die vorhandenen Defizite schnell deutlich (vgl. Abb. 2).

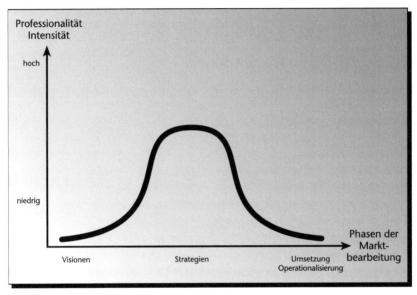

Abb. 2: Die einzelnen Phasen der Marktbearbeitung und die Professionalität bei der Durchführung

Am Anfang sollte eine **Vision** stehen. Und damit ist etwas anderes gemeint als die analytisch saubere Definition von Marktpotentialen und die Beschreibung eines Produkts oder einer Dienstleistung. Natürlich sollen und müssen fundierte Marktanalysen erstellt werden. Aber selbst wenn Produktideen zukunftsorientiert, kreativ und innovativ sind, so können sie eine Vision nicht ersetzen. Eine Vision ist nicht konkret greifbar, sondern enthält eine übergeordnete Botschaft, die auf einen fernen Punkt in der Zukunft gerichtet ist. Sie enthält ein grundsätzliches Selbstverständnis, das eine persönliche Identifikation ermöglicht und vor allem die Emotionen und Ziele der Mitarbeiter anspricht. Daß solche Visionen in der Realität nur selten vorkommen, verdeutlicht nicht zuletzt auch die hohe Zahl der me-too-Produkte, die sich nur unwesentlich vom Wettbewerb unterscheiden. Risikominimierung steht häufig vor revolutionärem Auftritt. Und entsteht doch einmal eine herausragende Idee, so sind Unternehmen und Unternehmer meist nicht in der Lage, Produktphilosophie und Unternehmenskultur zu einer visionären Einheit, die bei Mitarbeitern zusätzliche Potentiale freisetzt, zu verschmelzen.

Der zweite Schritt besteht in Entwicklung einer technisch sauberen **Strategie**, die den Weg zur Realisierung der Vision beschreibt. Allein rund 50.000 Studenten lernen in Deutschland zur Zeit das Handwerkszeug des Marketing. Marktforschungsinstitute liefern Berge von Verbraucher- und Marktdaten, es werden Potentiale gesucht, Stärken und Schwächen analysiert und Positionierungen bestimmt. Während Visionen und visionäre Unternehmen eher selten anzutreffen sind, findet man dagegen heutzutage zahlreiche Unternehmen, die Marktbearbeitungsstrategien in einer befriedigenden bis sehr guten Qualität erstellen. Werden diese Strategien aus blutleeren Marktanalysen, ohne den Hintergrund einer Vision entwickelt, so treten bereits hier die ersten Umsetzungsdefizite auf. Ihnen fehlen häufig die Dynamik und die verbindende Motivations- und Mobilisierungswirkung, die nur durch Visionen entstehen können.

Diese Defizite allein können fehlende Erfolge von Strategien jedoch nicht erklären. Auch bei der direkten **Operationalisierung und Implementierung** von Strategien gibt es erhebliche Lücken. Allerdings liegen die Probleme vielfach nicht an der fehlenden Ausführungs- und Durchführungskompetenz der damit beauftragten Abteilungen und Mitarbeiter. Die zur Verfügung stehenden Arbeitsinstrumente und -methoden und die fachlichen Fähigkeiten der Mitarbeiter sind meist ebenso professionell wie die Marktbearbeitungsstrategien eines Unternehmens. Sie werden nur viel zu oft weitgehend losgelöst von dem jeweiligen strategischen Hintergrund eingesetzt.

Die Arbeit des Vertriebs wird häufig nicht durch die Umsetzung und Operationalisierung der Marketingstrategien, sondern von den Kundenanforderungen des Tagesgeschäfts und den persönlichen Prioritäten der Verkäufer geprägt.

Unter dem Stichwort Reengineering wurden in der letzten Zeit zahlreiche Prozesse der betrieblichen Leistungserstellung analysiert und Schnittstellen zwischen den Abteilungen optimiert. Kundenorientierung erhielt einen neuen Stellenwert, Durchlaufzeiten wurden verbessert und Hierarchien geschliffen. Aber ein besonders wichtiger und grundlegender Prozeß der unternehmerischen Leistungserstellung, die möglichst verlustfreie Umsetzung und Operationalisierung von Strategien durch den Vertrieb, wurde bisher weniger intensiv und wenn überhaupt nur in Einzelaspekten und nicht ganzheitlich betrachtet.

III. Der Status der Strategieumsetzung in der Praxis

Verschiedene Untersuchungen beklagen immer wieder die fehlende Implementierung von Marketingkonzepten in der Praxis und sehen darin auch den Grund für fehlende Markterfolge. So wurden vor kurzem vom Institut für Marketing der Universität Münster in Zusammenarbeit mit dem Emnid Institut 600 Unternehmen zum Thema »Marketing Quo Vadis?« befragt. Die wichtigsten Ergebnisse:

20% der Unternehmen sehen Marketing in einer Identitätskrise
40% sagen, daß die Implementierung von Marketingkonzepten versagt hat.
Knapp 50% der Befragten kritisieren die Marketing-Technokratie.
Ein typisches Zitat:

»*Die Schreibtischarbeit von Marketingstäben erschwert anscheinend häufig den Blick für eine innengerichtete Akzeptanz und Umsetzung von Marketingkonzepten.*«

Eine von Mercuri International durchgeführte Befragung von 180 Marketing- und Vertriebsleitern aus der Investitions-, Konsumgüter- und Dienstleistungsbranche brachte ähnliche Ergebnisse (vgl. Abb. 3).

Die typischen Zitate zeigen bereits, daß dieses Thema nicht frei von Emotionen ist und Allgemeinplätze die Diskussion beherrschen:

»*Wir sind als Vertrieb nur ausführendes Organ und werden über bevorstehende Aktivitäten lediglich informiert. Ein Mitspracherecht des Vertriebs bei konzeptionellen oder strategischen Entscheidungen gibt es nicht.*«

»*Der Vertrieb zeigt so gut wie kein Interesse an einer Zusammenarbeit.*«

»*Marketing sitzt bei uns in einem Elfenbeinturm und hat keine Ahnung von den Problemen im Markt.*«

»*Unsere Verkäufer können nur Rabatte verkaufen.*«

Auffällig ist, daß das Problembewußtsein der Vertriebsleiter deutlich geringer ist, als das der Marketingleiter. Bereits hier werden Unterschiede zwischen den zwar aktionsorientierten, aber auch stärker generalisierenden Vertriebsfachleuten und den eher theoretischeren, differenzierter denkenden Strategiespezialisten aus dem Marketing offenkundig.

Besonders die in der Vergangenheit stark gebeutelte Investitionsgüterindustrie beklagt die fehlende strategische Ausrichtung ihrer Vertriebsmannschaften. 2/3 der Marketingleiter dieser Branche sehen in diesem Punkt erhebliche Defizite.

Die Bedeutung der Strategieumsetzung für den Markterfolg

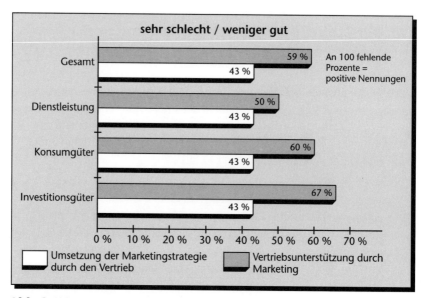

Abb. 3: Wie gut setzt der Vertrieb die Marketingstrategie um bzw. wie effektiv unterstützt die Marketingabteilung den Vertrieb?
Quelle: Mercuri-Befragung von 180 Vertriebs- und Marketingleitern

Dieser enorm hohe Unzufriedenheitsgrad macht aber auch die Potentiale deutlich, die in einer besseren Umsetzung von Strategien durch den Vertrieb stecken. Allzuoft scheitern Neuprodukteinführungen weniger an der fehlenden Marktakzeptanz, als vielmehr an der lückenhaften oder sogar falschen Umsetzung des Konzepts durch den Vertrieb.

Auch bei unseren Beratungsprojekten erleben wir immer wieder, daß Vertriebsmannschaften völlig losgelöst von einer Unternehmensstrategie arbeiten. Und es sind nicht nur neue Strategien, die erst gar nicht zum Leben erweckt werden. Auch die Änderung bzw. Anpassung bestehender Strategien wird im Vertrieb vielfach nicht nachvollzogen.

Es wäre allerdings falsch, daraus zu schließen, daß die Umsetzung von Strategien damit allein ein Problem des Vertriebs ist. Wie zu einer Ehe gehören auch hierzu zwei Partner. Nach unseren Beobachtungen sind viele Strategien, egal ob sie von einem Geschäftsführer oder von einer strategischen Abteilung wie Marketing stammen, häufig realitätsfremd und so von vornherein nicht umsetzbar.

Für eine bessere Strategieumsetzung kommt es entscheidend darauf an, daß alle Beteiligten viel mehr voneinander verstehen und ihre Ziele und Aktivitäten besser koordinieren und aufeinander abstimmen (vgl. Abb. 4).

Der Status der Strategieumsetzung in der Praxis

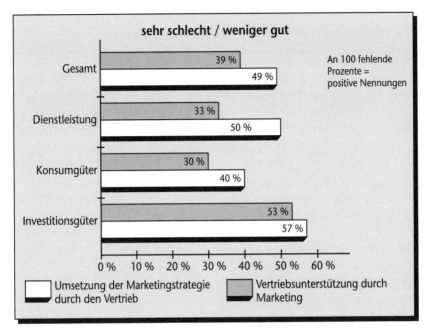

Abb. 4: Für wie gut halten Sie die Abstimmungsprozesse zwischen Marketing und Vertrieb?

Quelle: Mercuri-Befragung von 180 Vertriebs- und Marketingleitern

FOKUS

1. Nicht die Strategien selbst, sondern deren fehlende Operationalisierung und Umsetzung sind oftmals verantwortlich für die unzureichenden Wirkungen im Markt.

2. Die wesentlichen Gründe dafür sind isoliertes Arbeiten, fehlendes Bewußtsein für die Schnittstellen zwischen Marketing und Vertrieb sowie mangelhafte Kommunikation.

3. Die Schuld oder besser gesagt die Verantwortung dafür tragen sowohl Marketing als auch Vertrieb. Beide müssen einen Teil ihrer »Hoheitsrechte« aufgeben und auf den anderen zugehen.

IV. Prominente Stimmen aus der Praxis

Dr. Uwe Specht, persönlich haftender Geschäftsführender Gesellschafter der Henkel KGaA und Präsident der Deutschen Marketing-Vereinigung
»*Strategieumsetzung im Vertrieb ist Basis-Aufgabe und Kunst zugleich. Zum Pflichtprogramm der Vertriebspolitik gehört die Mitarbeiter- und Außendienststeuerung sowie die Umsetzung von Verkaufsplänen und Umsatzzielen in eine individuelle Motivation für jeden Vertriebsmitarbeiter. Hier werden sich die Bemühungen aller Anbieter im Markt immer ähnlicher.*

Die Kür besteht darin, den Vertrieb in alle Unternehmensprozesse einzubinden, den Innen- und Außendienst zu vernetzen, ihn in die Marketing-Entscheidungsprozesse zu integrieren und so für eine höchstmögliche Abstimmung und Effizienz von Marketing und Vertrieb zu sorgen. Die Unternehmensstruktur und -kultur muß so gestaltet sein, daß der Vertrieb wesentliche Impulse vom Markt ungefiltert an alle Funktionalbereiche, bis hin zu Marktforschung oder Anwendungstechnik weitergeben kann. Strategieumsetzung im Vertrieb ist nicht als isolierte Insellösung für eine Vertriebsabteilung, sondern als interaktiver Kommunikations- und Abstimmungsprozeß aller Unternehmensbereiche zu verstehen.

Die Vertriebsstrategien für Markenartikler werden sich in der Zukunft durch Efficient Consumer Response (ECR) entscheidend verändern. Der Handel wird immer mehr in die Entscheidungsabläufe der eigenen Vertriebsstruktur und des Key Account eingebunden. Er wird so zum Partner der eigenen Vertriebsstrategie. Strategieumsetzung im Vertrieb bedeutet daher zukünftig auf Handels- und Herstellerseite ein eher langfristiges Denken in Win-Win-Positionen.«

Dr. Kajo Neukirchen, Vorstandsvorsitzender der Metallgesellschaft AG
»*Wer mehr Kundenorientierung will, darf sich nicht damit begnügen, ein paar Prozent in der Vertriebsabteilung zu verbessern. Man muß vielmehr eine Unternehmenskultur schaffen, in der gelebt wird, was eine kundenorientierte Strategie vorgibt. Eine solche Strategie kann nur erfolgreich sein, wenn die Organisationsstruktur flexibel ist, wenn Controlling- und Kommunikationssysteme angepaßt sind und wenn die Qualifikationsmerkmale der Mitarbeiter den Erfordernissen der Strategie entsprechen.*«

Prominente Stimmen aus der Praxis

Dr. Heinrich v. Pierer,
Vorsitzender des Vorstands der Siemens AG, Berlin und München
»*Im Vertrieb zeigt sich, ob Strategien umsetzbar sind oder an den Realitäten scheitern. Denn hier müssen Firmen- und Kundenstrategie auf einen Nenner kommen. Strategieumsetzung im Vertrieb darf sich daher nicht darin erschöpfen, das, was in Labors oder in Strategiezirkeln firmenintern ausgedacht wird, dem Markt überzustülpen. Produkte, die der Kunde auch wirklich will, entstehen dann, wenn er die Chance hat, an der Entstehung mitzuwirken. Oberstes Gebot also: Der Kunde muß von Beginn an mit einbezogen sein. Doch auch das reicht nicht. Zur erfolgreichen Vertriebsstrategie gehört, den Kunden auch dann noch im Mittelpunkt zu sehen, wenn er »sein« Produkt bereits hat: After sales service ist hier ein Stichwort. Je besser man sich um den Kunden auch »hinterher« noch kümmert, um so stärker wächst sein Vertrauen. Das Ergebnis ist ein zufriedener Kunde. Und ein zufriedener Kunde kann zum Dauerkunden werden. Dann ist eine Vertriebsstrategie mit Erfolg umgesetzt.«*

Dr. Dieter Zetsche,
Mitglied des Vorstands der Mercedes Benz AG, Ressort Vertrieb
»*Jeder kennt das Lied: Großangelegte Strategiepapiere werden produziert, hervorragend präsentiert und im Tagesgeschäft dann ignoriert. Jeder selbstbewußte Manager weiß auch gleich ein Heilmittel gegen diese Art Strategiemüdigkeit: funktionsübergreifend zusammengesetzte Planungsteams, intensiver hierarchieübergreifender Dialog, Nutzung des immensen Verkäuferknow-hows, eine Unternehmenskultur, die von Offenheit und ausschließlicher Orientierung an den Bedürfnissen des Kunden geprägt ist. Wie kann es da passieren, daß Strategien auch heute noch, in Zeiten höchster Wettbewerbsintensität, zu lange brauchen, um auf die Beine zu kommen?*

Es fehlt an Konsequenz in der Umsetzung. Strategien, vor allem im Vertrieb, lassen sich erst dann mit Leben erfüllen, wenn wir verstehen, sowohl Stab als auch Linie, Planer und Verkäufer gemeinsam in die Konzipierung einzubeziehen und alle Beteiligten für das verfolgte Ziel zu gewinnen. Besonders bedeutend ist es dabei, mit den verantwortlichen Führungskräften konkrete Bereichsziele zu vereinbaren und deren Erreichen bzw. Nichterreichen mit klaren Konsequenzen zu versehen.

Grundsätzlich kann ich nur betonen, alle Mitarbeiter für das Strategieanliegen zu begeistern. Denn Faszination versetzt bekanntlich Berge. Echte Begeisterung entsteht aber nicht von alleine. Angefangen vom Topmanagement, muß sie tagtäglich bei jeder Führungskraft, bei jedem Kollegen spürbar und erlebbar sein.«

Die Bedeutung der Strategieumsetzung für den Markterfolg

Bernhard Dorn
Mitglied des Aufsichtsrats IBM Deutschland
Informationssysteme GmbH

»*Strategien verheddern sich oft in den Verzweigungen interner Prozesse. Beispielsweise ist Kundenorientierung der Maßstab für jedes Process Engineering, aber sie kommt nicht zum Ziel, weil sie nicht über das Unternehmen hinaus gedacht wird. Das ausgelieferte Produkt wird mißverstanden als Endpunkt der Wertschöpfung für den Kunden. Dabei ist die Lieferung der Anfang dessen, was der Kunde mit dem Produkt erreichen will. Kundenorientierung ist als Strategie erst dann erfolgreich, wenn der Verkäufer sich als Prozeßingenieur des Kunden versteht, der sein Angebot auf den Erfolg seines Kunden hinorientiert und alles dafür tut, daß sein Produkt dem Kunden Kosten- oder Wettbewerbsvorteile einfährt.*«

Reinhold Würth, Vorsitzender des Beirats der Würth-Gruppe

»*Strategie-Umsetzung im Vertrieb ist das eine – die Unterlegung der Strategien durch die langfristigen Visionen ist das andere. Strategie-Realisierung ist der entscheidende Sachverhalt für die Schaffung von strategischen Wettbewerbsvorteilen: Das Land ist allemal voll von Wissensriesen, viel zu viele Realisierungszwerge finden wir im Unternehmen.*

Der Spruch »Wissen ist Macht« ist fatal, Wissen an sich verändert überhaupt nichts. Erst wenn Wissen in die Tat umgesetzt wird, durch Realisierungsriesen, entfaltet es seine Auswirkung auf die Schaffung strategischer Wettbewerbsvorteile. Schnelligkeit in der Umsetzung der Strategien ist in Zukunft entscheidend für das Überleben im Konkurrenzkampf.«

Josef Hattig, Geschäftsführer Brauerei Beck & Co.
Aufsichtsratsvorsitzender der Deutschen Post AG

»*Strategie ist geordnete Zielsetzung. Ihre Qualität beantwortet der Markt. Vor allem der Vertrieb muß daher ihren Anforderungen entsprechen können und wollen. Sonst ist Strategie ein Modewort mit hohem Gefahrenpotential.*«

Helmut O. Maucher
Präsident und Delegierter des Verwaltungsrats der Nestlé AG

»*Die heutigen Anforderungen der Kunden und die Notwendigkeit, sich wirklich auf ihre Bedürfnisse einzustellen, verlangen mehr als Vertriebs-Konzepte, sondern einen wirklich strategischen Ansatz.*

Die erfolgreiche Umsetzung von Strategien hängt hauptsächlich von zwei Faktoren ab:

1. *von der Fähigkeit der Verkaufsführung und des Verkaufsmanagements die Strategien kommunikativ überzeugend und verständlich an den Mann zu bringen und*

2. *wichtiger noch – die Verkäufer selbst an der Ausarbeitung der Strategie zu beteiligen und so ihre praktischen Kenntnisse einzubringen.«*

Teil 2
Der Vertrieb, das wichtigste Marketinginstrument

I. Die Bedeutung des Vertriebs bei der Strategieumsetzung

Die Umsetzung von Strategien ist zweifellos einer der kompliziertesten Prozesse, die in Unternehmen ablaufen, und normalerweise werden sämtliche Abteilungen in irgendeiner Form davon erfaßt oder berührt. Die Bedeutung der einzelnen Unternehmensabteilungen für den Umsetzungsprozeß ist natürlich abhängig von der jeweiligen Strategie und generelle Aussagen lassen sich nur schwer treffen.

In den meisten Lehrbüchern wird der Katalog der Maßnahmen und Methoden zur Ausgestaltung und Operationalisierung einer Strategie mit den Oberbegriffen Marketingmix bzw. Marketinginstrumentarium beschrieben.

Die Strategie selbst gibt dabei die übergeordnete Zielrichtung an, in die ein Unternehmen marschieren will. Die Instrumente sind die Hilfsmittel, das Schuhwerk, um die Strategie zum Laufen zu bringen. Sie sind in der Regel in vier Gruppen eingeteilt:

Produktpolitik	Alle Maßnahmen zur Entwicklung/Gestaltung der Produkte/Dienstleistungen eines Unternehmens und die Bestimmung des Sortimentsumfangs.
Preispolitik	Die strategiekonforme Ausgestaltung der Preisstellung, Rabatte und Konditionen.
Distributionspolitik	Die Art und Weise wie das Produkt zum Kunden gebracht wird, mit eigenen oder fremden Verkäufern, direkt oder über den Handel und das Logistikkonzept.
Kommunikationspolitik	Der Einsatz von Werbung, PR und Verkaufsförderungsmaßnahmen zur Erreichung der Strategieziele.

Abb. 5: Die klassischen Instrumente zur Strategieumsetzung

Es fällt sofort auf, daß der Vertrieb oder der persönliche Verkauf nicht als eigenständiges Marketinginstrument gesehen wird. Der Vertrieb wird in solchen Übersichten normalerweise der Distributionspolitik zugeordnet und spielt damit schon »optisch« keine besondere Rolle. Wie unsicher selbst viele Marketingprofessoren bei der Einordnung des Vertriebs sind, zeigt bereits

Der Vertrieb, das wichtigste Marketinginstrument

die Tatsache, daß etwa 1/3 aller Lehrbücher den Vertrieb in der letzten Zeit nicht mehr der Distributions- sondern der Kommunikationspolitik zuordnen. Aber nur sehr wenige Autoren tun das, was eigentlich richtig wäre und setzen den Vertrieb als fünftes Marketinginstrument gleichberechtigt neben die anderen.

In der Praxis berücksichtigen die meisten Manager, die eine Strategie erstellen, sehr sorgfältig, welche Auswirkungen Strategien auf die Produktentwicklung, die Sortimentsstruktur, die Preise und Konditionen sowie auf die Werbung haben. Auch die Absatzmittler werden manchmal noch berücksichtigt, aber nur die wenigsten denken intensiv darüber nach, welche Auswirkungen eine Strategie auf den persönlichen Verkauf hat. Kaum ein Marketingmanager macht sich Gedanken darüber, wie sich eine neue Strategie mit den übrigen Aufgaben des Vertriebs verbinden läßt oder welche neuen Anforderungen an das Verkaufsverhalten sich dadurch ergeben.

Dabei nimmt der Vertrieb im Vergleich zu vielen anderen Abteilungen eine Sonderstellung ein. Er ist eine Art Super-Marketinginstrument, das nicht nur eine eigene Umsetzungsfunktion hat, sondern ohne das alle anderen Marketingmaßnahmen in der Regel keine oder nur eingeschränkte Wirkung zeigen würden. Der Vertrieb hat nicht nur eine mitgestaltende oder unterstützende Funktion, sondern vor allem eine exekutierende. Die American Management Association, AMA, stellte in einer Befragung von 1.800 Unternehmen verschiedener Branchen fest, daß der Umsatz ohne einen persönlichen Verkauf nach einem Jahr im Durchschnitt um ca. 1/3 geringer wäre. Bei erklärungsbedürftigen Produkten war die Rate höher und bei preissensiblen Artikeln mit hoher Markttransparenz niedriger. Der Vertrieb ist die direkte Schnittstelle zum Markt und verfügt, im Vergleich zu anderen Kommunikationsmitteln, über die weitaus meisten Wirkungsdimensionen und Kommunikationskanäle (vgl. Abb. 6). Nur der persönliche Verkauf kann gleichzeitig mit Ton, Bild, Schrift, Mustern und der Wirkung seiner eigenen Persönlichkeit arbeiten. Nur ein Verkäufer kann Kundenreaktionen wirklich vollständig aufnehmen bzw. sofort und dialogorientiert verarbeiten.

Informationen über Produkt- und Leistungseigenschaften, Preise und Konditionen werden in vielen Fällen primär über den Vertrieb in den Markt getragen. Häufig ist es erst der Vertrieb, der gemeinsam mit dem Kunden bestimmte Produkteigenschaften oder -konfigurationen festlegt. Absatzkanäle, Kundengruppen und Marktsegmente würden ohne einen persönlichen Verkauf nur auf dem Papier bestehen oder bald vom Wettbewerb dominiert werden. Das Image von vielen Unternehmen wird häufig mehr durch die Vertriebsmitarbeiter als durch millionenschwere Werbeinvestitionen geprägt.

Die Bedeutung des Vertriebs bei der Strategieumsetzung

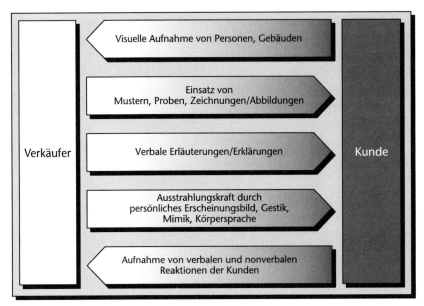

Abb. 6: Wirkungsdimensionen des persönlichen Verkaufs

Der Vertrieb ist aber nicht nur das wichtigste, sondern auch das komplizierteste Umsetzungsinstrument. In den meisten Unternehmen wird es keine andere operative Abteilung geben, die für so viele Bereiche der Strategieerstellung und -umsetzung verantwortlich ist (vgl. Abb. 7). Entsprechend komplex ist das Identifizieren und Handhaben der zahlreichen Schnittstellen.

Zusätzlich gibt es einige grundsätzliche Besonderheiten, die den Vertrieb und die Verkäufer von anderen Abteilungen und Mitarbeitern unterscheiden. Bereits die fehlende Berücksichtigung dieser Unterschiede kann eine Strategieumsetzung scheitern lassen. Im nächsten Kapitel lernen Sie deshalb zunächst die generellen Stärken und Schwächen des Umsetzungsinstruments Vertrieb kennen.

Danach werden wir uns dann die einzelnen Arbeitsschritte ansehen, mit denen eine Strategie im Markt laufen lernt und welche Hindernisse dabei auftreten können.

Der Vertrieb, das wichtigste Marketinginstrument

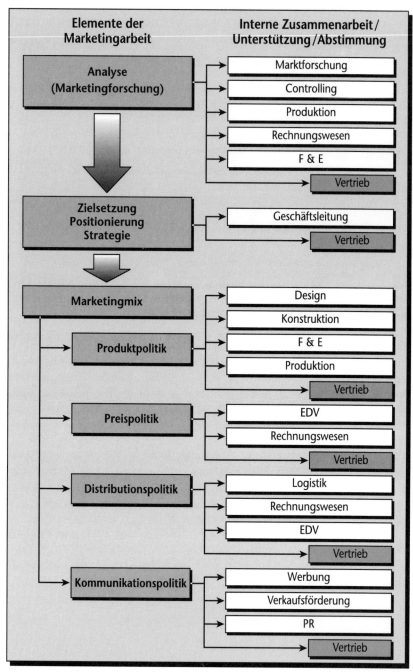

Abb. 7: Beteiligung verschiedener Unternehmensbereiche/Abteilungen an der Strategieerstellung und -umsetzung

FOKUS

1. **Der Vertrieb bzw. der persönliche Verkauf hat für die Konzeption und Umsetzung der meisten Marketingstrategien eine überproportional hohe Bedeutung.**

2. **Bei den klassischen Instrumenten und Vorgehensweisen, mit denen die Strategieumsetzung geplant wird, spielt der Vertrieb dagegen nur eine untergeordnete Rolle.**

3. **Damit Strategien laufen lernen, muß zunächst der Vertrieb als ein eigenständiges Marketinginstrument zur Strategieumsetzung angesehen werden.**

II. Die Stärken und Schwächen des persönlichen Verkaufs

1. Die Kosten

Im Durchschnitt wenden deutsche Unternehmen ca. 14 % ihres Umsatzes für den Vertrieb auf. Verglichen mit anderen Abteilungen nimmt der Vertrieb damit eine Spitzenstellung bei den Kosten ein. Aber nicht nur die absolute Summe ist hoch. Legen wir die Kosten auf den einzelnen Kundenkontakt (die Herstellung und Wahrnehmung von Kundenkontakten ist schließlich die Hauptaufgabe des Vertriebs) um, so wird deutlich, daß der persönliche Verkauf mit weitem Abstand die teuerste Art der Kundenbeeinflussung ist (vgl. Abb. 8 u. 9). Alle anderen Medien kosten pro Kundenkontakt nur einen Bruchteil davon.

Gehalt (inkl. Arbeitgeberanteile)	120.000,– DM
Personalsuche/-auswahl/-abfindungen	24.000,– DM
anteilige Kosten der Führungskraft	25.000,– DM
Arbeitsplatz Verkaufsbüro	15.000,– DM
Reisekosten (PKW, Spesen)	40.000,– DM
anteilige Gemeinkosten (Buchhaltung etc.)	10.000,– DM
Weiterbildung	5.000,– DM
Summe Kosten Verkäufer pro Jahr	239.000,– DM
Besuchstage p. a. (ohne »Bürotage«)	ca. 160
Besuche pro Tag	5
Besuche pro Jahr	800
Kosten pro persönlichen Kundenkontakt	298,– DM

Abb. 8: Die Kosten eines Kundenkontakts durch den Verkauf (Beispielrechnung)

Licht und Schatten liegen dabei naturgemäß dicht beieinander. Richtig eingesetzt ist der persönliche Verkauf eine sehr lohnende Investition, falsch eingesetzt kostet er enorme Summen, ohne Ergebnisse zu bringen. Zur reinen Marktinformation, Kontaktpflege oder Bestellabholung ist ein Verkäufer heutzutage in der Regel zu teuer. Er ist aber in vielen Fällen genau der richtige, wenn es darum geht, eine Strategie zum Laufen zu bringen. **Je erklärungsbedürftiger die Produkte sind** und je weniger offensichtlich der mögliche Kundennutzen oder die Vorteile gegenüber dem Wettbewerb sind (und das dürfte für die meisten Produkte zutreffen), **desto wichtiger ist der persönliche Verkauf** für den Strategieerfolg.

Medium	ca. Kosten pro Kundenkontakt
Rundfunk-Spot	0,004 DM
Anzeige Publikumszeitschrift (1/1 Seite)	0,012 DM
TV-Spot	0,015 DM
Anzeige Fachzeitschrift (1/1 Seite)	0,050 DM
Mailing (inkl. Druckkosten)	2,500 DM
Telefonkontakt/Agentur	25,000 DM
individueller Brief	75,000 DM
Messekontakt	120,000 DM
persönlicher Kundenkontakt	300,000 DM

Abb. 9: Vergleich der Kosten pro Kundenkontakt

2. Die Einzigartigkeit des persönlichen Verkaufs

Um zu verstehen, warum die Vertriebsarbeit einen einzigartigen und manchmal ausschlaggebenden Leistungsfaktor für den Unternehmenserfolg darstellt, müssen wir zunächst die drei grundsätzlichen Erfolgswege für ein Unternehmen, die sogenannten Präferenzstrategien, betrachten.

Die Produktpräferenz

Hierbei sind die Leistungsbestandteile der Produkte die Grundlage für den Markterfolg. Entweder wird eine nachvollziehbar bessere Qualität angeboten, die Leistungsbandbreiten der Produkte sind größer, die Haltbarkeit besser oder der Preis ist bei vergleichbarer Leistung günstiger.

Immer wenn der Markterfolg in einem Alleinstellungsmerkmal eines Produktes oder einer Dienstleistung begründet ist, handelt es sich um Produktpräferenzen.

Die Unternehmenspräferenz

Da die Produktleistungen immer vergleichbarer werden, versuchen viele Unternehmen, den Kunden über Image, Garantien oder Serviceleistungen einen Zusatznutzen zu bieten und sich so vom Wettbewerb abzuheben.

Immer wenn der Markterfolg nicht im Produkt oder in der primär angebotenen Dienstleistung begründet ist, sondern erst durch ein Bündel von Primär- und Nebenleistungen, dem Gesamtangebotsvorteil, erreicht wird, spricht man von Unternehmenspräferenzen.

Die Personenpräferenz

Da es durchaus Marktsituationen gibt, in denen sich eine Differenzierung zu anderen Anbietern nicht über Produkt- oder Unternehmenspräferenzen erreichen läßt, kann letztlich allein der zwischenmenschliche Kontakt entscheidend sein. Die fehlende Fähigkeit der Menschen, bei Kaufentscheidungen zwischen rationalem Produktangebot und emotionaler Bedürfnisbefriedigung zu trennen, spielt hierbei die entscheidende Rolle.

Immer wenn die Kaufentscheidung weitgehend durch das Verhalten der Mitarbeiter beeinflußt wird, spricht man von einer Personenpräferenz.

In der Praxis gibt es sowohl Unternehmen, die sich nur auf eine Präferenzstrategie beschränken als auch Unternehmen, die alle drei Strategien gleichzeitig einsetzen. Was letztlich der effektivste Weg ist, wird von den Rahmenbedingungen des betreffenden Marktsegments abhängen.

Da die Vergleichbarkeit und Austauschbarkeit von Produkten, Dienstleistungen und Services weiter zunimmt, wird auch die Bedeutung von Personenpräferenzen immer größer (vgl. Abb. 10).

Kommen wir zum Punkt der Einzigartigkeit des Vertriebs zurück. Der weitaus größte Teil der Personenpräferenzen wird vom Vertrieb geprägt. Die Art und Weise, wie ein Vertrieb den Markt bearbeitet und wie er Personenpräferenzen aufbaut und einsetzt, bedeutet für viele Unternehmen eine Alleinstellung und ist damit zugleich ein wichtiges Differenzierungsinstrument zum Wettbewerb. Natürlich ist häufig versucht worden, den Wettbewerbsfaktor Vertriebsleistung zu kopieren. Allerdings sind bisher alle Versuche dieser Art fehlgeschlagen. Weder das Kopieren von einzelnen Regeln, Normen oder Ausbildungsseminaren noch das Herauskaufen ganzer Vertriebsmannschaften brachte den gewünschten Erfolg. Vertriebsleistungen und das Schaffen von Personenpräferenzen sind weitaus mehr als die Leistung einzelner Verkäufer oder das Befolgen von bestimmten Richtlinien. Den meisten ist bekannt, daß es gute Mitarbeiter gibt. Weniger bekannt ist die Tatsache, daß Unternehmenskulturen und Arbeitssystematiken auch »normale« Mitarbeiter zu sehr guten Leistungen befähigen.

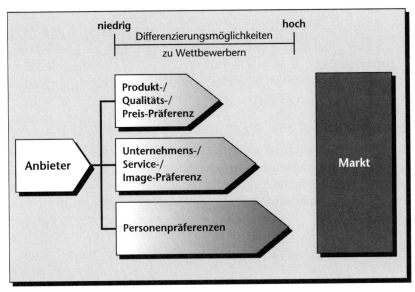

Abb. 10: Die verschiedenen Präferenzstrategien und ihre Bedeutung in der Praxis

Der Geschäftsführer und Inhaber einer bekannten Werbeagentur antwortete treffend auf die Frage, warum ehemalige Mitarbeiter, die eine eigene Agentur gegründet haben, nicht an ihre alten Erfolge anknüpfen konnten: *»Die Mitarbeiter haben nicht verstanden, daß der Erfolg nicht durch sie alleine entstand, sondern daß es vor allem unser gesamtes System, unser Arbeitsstil war, der sie gut gemacht hat.«*

Personenpräferenzen sind zum Teil ein Produkt aus vielen verschieden Faktoren eines Unternehmen. Es müssen die Kultur, der Umgang miteinander, all die ungeschriebenen Gesetze und Normen stimmen und auf den Kunden ausgerichtet sein. Es ist zwar in der Regel ein einzelner Verkäufer oder Vertriebsmitarbeiter, der sie für den Kunden erlebbar macht, indirekt sind aber alle Mitarbeiter eines Unternehmens daran beteiligt. Personenpräferenzen können nicht vollständig kopiert werden und sind einzigartig. Sie sind der individuelle Fußabdruck eines Unternehmens im Markt.

3. Der Engpaßfaktor aktive Verkaufszeit

Den weitaus größten Teil seiner Arbeitszeit verbringt ein Verkäufer nicht mit aktiver Verkaufszeit, das heißt nicht mit Verkaufsverhandlungen oder mit seinen Kunden. In fast allen Branchen beanspruchen Reisezeiten, interne Arbeiten sowie Vor- und Nachbereitungen von Kontakten mehr als 80% der zur Verfügung stehenden Zeitkapazität der Verkaufsmannschaften. Reisezeiten lassen sich nicht vermeiden und Vor- und Nachbereitungszeiten sind zweifellos wichtig. Durch zunehmende Verkehrsdichte wird die aktive Verkaufszeit in Zukunft sogar eher rückläufig sein. Aber nur im Rahmen von Kundenkontakten kann der Verkäufer tatsächliche Ergebnisse erzielen. Es kommt also für seinen Erfolg entscheidend darauf an, den Engpaßfaktor aktive Verkaufszeit so zu nutzen, daß er mit den strategisch richtigen Kunden und Produkten verbracht wird. Durch dieses disproportionale Verhältnis von Arbeitszeit und aktiver Verkaufszeit ergibt sich eine erstaunliche Hebelwirkung auf die Arbeitseffizienz.

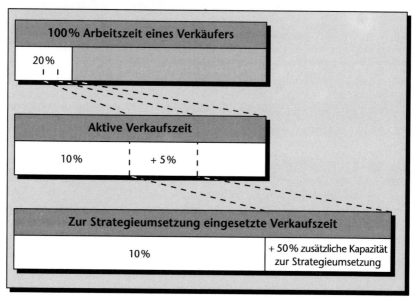

Abb. 11: Die Hebelwirkung der aktiven Verkaufszeit.

Nehmen wir z. B. an, daß ein Verkäufer derzeit 20% aktive Verkaufszeit hat und daß er die Hälfte davon, also 10%, mit strategisch wichtigen Kunden bzw. Produkten verbringt. Eine Erhöhung der aktiven Verkaufszeit ist nicht möglich. Durch verschiedene Maßnahmen gelingt es ihm aber, seine Arbeitszeit so zu organisieren, daß er demnächst 15% seiner Zeit mit den strategisch wichtigen Kunden/Produkten verbringt. Er hat seine gesamte Arbeitszeit nur um 5% verändert, trotzdem beträgt die so erzielte Effektivitätssteigerung bei der Bearbeitung strategisch wichtiger Kunden und Produkte 50% (vgl. Abb. 11).

Obwohl der Verkaufserfolg ganz wesentlich von der Analyse und Planung der Aktivitäten abhängt, verlassen sich viele Verkäufer trotz allem lieber auf ihre Intuition und Branchenerfahrung. Was die Lage noch verschärft, ist das Festhalten an traditionellen Arbeitsrastern, wozu auch starre Tourenplanungen und die einmal festgelegte Potentialeinschätzung von Kunden gehört. Dies ist umso bedenklicher, als das Gelingen vieler Strategien eine Veränderung bzw. Neubewertung der Kundenstruktur voraussetzt. Zur erfolgreichen Strategieimplementierung muß sich die Bedeutung von Kunden an den Vorgaben dieser Strategie orientieren und nicht an Bewertungsrastern, die vor zwanzig Jahren festgelegt wurden. Die Folge kann eine umgekehrte Hebelwirkung sein, d.h. die knappe aktive Verkaufszeit wird mit den falschen Kunden verbracht.

4. Die Sales Lead Time

Hiermit ist der Zeitraum gemeint, der zwischen der geplanten Kontaktaufnahme eines Verkäufers mit dem Kunden und der Wirkung im Sinne eines positiven Ergebnisses (Auftrag) vergeht. In vielen Fällen erstreckt sich dieser Prozeß über Monate oder sogar Jahre. Kontakte müssen gesucht, qualifiziert und sukzessive aufgebaut werden. Passende Bedarfssituationen treten nicht sofort ein, und der Kundenkontakt muß stabilisiert und aktualisiert werden. Die Grundlagen für Verkaufserfolge werden so manchmal bereits ein oder zwei Perioden vor den meßbaren Verkaufsergebnissen gelegt. Entscheidend für die Dauer der Sales Lead Time sind die Lieferantenbindungen, Entscheidungsrhythmen in der jeweiligen Branche und die Häufigkeit des Kundenbedarfs.

Gerade bei der Etablierung neuer Produkte oder dem Aufbau neuer Abnehmergruppen muß diese Zeitverzögerung berücksichtigt werden. Werden nur Ergebnisse betrachtet, führt das fast zwangsläufig zu Fehlsteuerungen (vgl. Abb. 12). Das Umsetzen von Strategien erstreckt sich in der Regel über einen längeren Zeitraum und läßt sich daher mit den üblichen Verkaufszielen für eine bestimmte Periode nicht ausreichend abdecken.

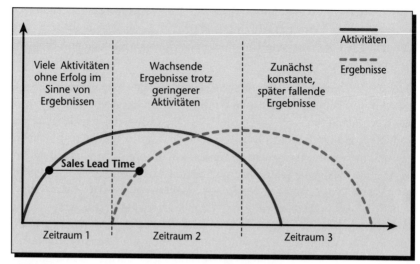

Abb. 12: Die möglichen Effekte der Sales Lead Time

 Leider läßt sich das Problem nicht einfach durch langfristigere Ziele lösen, wie wir später sehen werden. Bei der Vertriebssteuerung sollten daher neben einer reinen Ergebnisbetrachtung auch entsprechende Etablierungsgrade/-ziele bei einzelnen Kundengruppen berücksichtigt und honoriert werden. Wenn Vertriebsmannschaften nur für die aktuell erzielten Aufträge Belohnungen erhalten, ist die Gefahr groß, daß wichtige Aufbauarbeiten, die nicht sofort zu Umsatz bzw. Deckungsbeitrag führen, vernachlässigt werden.

5. Die kurzfristige Erfolgsorientierung

Die meisten Außendienst-Verkäufer haben nur einen sehr kurzfristigen Planungshorizont und sind für ihre Motivation so auch auf kurzfristige Erfolgserlebnisse angewiesen. Dies hört sich vielleicht hart an, ist aber eine Tatsache, die sich auch durch die Vorgabe von langfristigen Zielen nicht ändern wird.

 Deshalb besteht auch bei strategischen Zielen, die meist längerfristig formuliert sind, die Gefahr, daß sie faktisch kaum Auswirkungen auf die Verkaufsarbeit haben. Je stärker sich dagegen Strategieziele auch auf kurzfristig überschaubare Zeiträume herunterbrechen und in Stufenziele zerlegen lassen, desto stärker werden auch die Auswirkungen auf die tägliche Arbeit des Verkäufers sein. Beispiele für solche kurzfristige Formulierungen von strategischen Zielsetzungen sind: Jeden Tag einen Kunden einer neuen Abneh-

Die Stärken und Schwächen des persönlichen Verkaufs

mergruppe zu besuchen. Oder: 20% des Wochenumsatzes mit einem bestimmten Produkt zu erzielen.

Das gleiche gilt für die Entlohnung. Der Provisionssatz, mit dem ich jeden Auftrag oder eine Umsatzvorgabe sofort multiplizieren kann, hat meist eine permanentere und damit intensivere Wirkung als ein Jahresbonus. Die strategisch wichtigen Änderungen der Sortimentsstruktur oder des Kundenportfolios sind so direkter als Erfolg erlebbar und werden damit die Tagesarbeit des Verkäufers stärker beeinflussen.

6. Die Abneigung gegen Analysen, Planungen und Schriftlichkeit

Hier liegt die Achillesferse des Verkaufs. Die meisten Verkäufer haben eine tiefe Abneigung gegen jede Art von Planung und Analyse und sind relativ spontan eingestellt. Wir werden später noch sehen, daß hieraus viele Probleme bei der Strategieumsetzung resultieren.

Es gibt mehrere Gründe, die dafür verantwortlich sind. Zum einen ist es der Berufsweg der Verkäufer. Es gibt fast keinen Außendienstler, der nicht vorher auch andere Funktionen ausgeübt hat. Die meisten haben eine völlig andere Berufsausbildung und sind erst nach einigen Jahren in ihrer angestammten Tätigkeit in den Verkauf gewechselt. Die wichtigsten Motive dafür sind, neben der Chance auf ein höheres Einkommen, das Streben nach Unabhängigkeit und Selbständigkeit. In der Tat bietet der Beruf eines Verkäufers, speziell im Außendienst, erhebliche Freiheiten. Persönliche Kontakte zum Vorgesetzten oder zur Zentrale beschränken sich auf wenige Tage im Jahr, und der Verkäufer fühlt sich weitgehend unbeobachtet und unkontrolliert. Das heißt nicht, daß seine Arbeitsergebnisse nicht beachtet werden. Aber die Art und Weise, wie er zu den Ergebnissen (Aufträgen) kommt, bleibt, bis auf bestimmte Tourenplanungen oder Besuchsrhythmen, ihm selbst überlassen. Der Verkäufer kann manchmal morgens etwas später aufstehen, während des Tages kleine Besorgungen erledigen oder auch einmal etwas früher nach Hause kommen. Da er teilweise weitaus mehr Wochenstunden arbeitet als andere Arbeitnehmer, handelt es sich bei diesen kleinen Freiheiten mehr um psychologische, als um tatsächliche Vorteile. Trotzdem oder gerade deshalb werden sie vom Verkäufer, teilweise unbewußt, vehement verteidigt. Alles was die Arbeit und den Tagesablauf nachvollziehbarer und somit kontrollierbarer macht, wird in der Regel abgelehnt. Dazu gehören insbesondere alle Formen von Planungen und Berichten.

Hinzu kommt, daß es für die Tätigkeit des klassischen Außendienstverkäufers keine Berufsausbildung gibt. Praktisch jeder hat sich nach dem try-and-error-Prinzip seinen eigenen Weg zum Erfolg gesucht. Da die wenigsten vorher etwas von Marktanalysen verstanden, war der persönliche Erfolgsweg überproportional stark durch Zufälle, spontane Reaktionen beim Kunden und dem Einsatz der eigenen Persönlichkeit geprägt. Planung und auch Besuchsvorbereitung wird daher von vielen als reine Zeitverschwendung angesehen, »*da es sowieso meistens anders kommt als man denkt*«.

Eng damit verbunden ist auch der weitgehende Verzicht auf Schriftlichkeit. Mit dem Begriff Schriftlichkeit sind alle Arten von Aufzeichnungen und Berichten gemeint. Die meisten Verkäufer haben sich seit ihrer Schulzeit nicht mehr mit schriftlichen Darstellungen beschäftigt. Sie verbinden damit eher unangenehme Erinnerungen und fühlen sich in diesem Punkt oft unbeholfen und unsicher. Auch heutzutage werden häufig

– weder manuelle noch elektronische Kundenkarteien geführt (wenn überhaupt welche existieren, stammen die letzten Eintragungen manchmal noch vom Vorgänger),

Stärken und Chancen	Schwächen und Bedrohungen
Der Verkauf ist das wirkungsvollste Kontaktmittel, das einem Unternehmen zur Verfügung steht.	Der Verkauf ist mit Abstand das teuerste Kontaktmittel.
Die Persönlichkeit der Verkäufer (Personenpräferenz) ergänzt die Produkt- und Unternehmensleistung.	Die Analyse von Kundenbedürfnissen und der Einsatz von Sachargumenten werden zugunsten der Personenpräferenzen vernachlässigt.
Dank der Hebelwirkung der aktiven Verkaufszeit können durch relativ geringe Umstrukturierungen des Zeitbudgets überproportionale Ergebnisse erzielt werden.	Die aktive Verkaufszeit macht nur einen Bruchteil der gesamten Arbeitszeit aus. Falsche Prioritäten wirken sich überproportional aus.
	Der Planungshorizont ist relativ kurzfristig, obwohl die Sales Lead Time in den meisten Fällen langfristige Kundenbearbeitungsstrategien erfordert.
	Analysen, schriftliche Planungen und Berichte werden nur in geringem Ausmaß eingesetzt.
	Gewohnheit bei Arbeitsabläufen verhindert oft die flexible Berücksichtigung neuer Strategien.

Abb. 13: Die Besonderheiten von Verkaufsmannschaften

- bei Kundengesprächen nur Zahlen oder Daten anstatt Entscheidungsmotive oder Bedürfnisse notiert,
- Berichte entweder gar nicht oder nur in einer schwer auswertbaren Prosa geschrieben.

Zu viele Verkäufer verlassen sich darauf, »alles im Kopf zu haben« und sind dadurch schon psychologisch mehr reaktiv als aktiv eingestellt.

FOKUS

1. **Um den Vertrieb als Umsetzungsinstrument für Strategien einsetzen zu können, müssen seine Stärken und Schwächen berücksichtigt werden.**

2. **Das sind die Gesetzmäßigkeiten von Vertriebsprozessen und die emotionalen Besonderheiten der Verkäufer, die in ihren Berufsmotiven, dem Werdegang und ihren Erfahrungswerten begründet sind.**

Teil 3
Die fünf Schritte zur Strategieumsetzung im Vertrieb

I. Überblick zu den Arbeitsschritten

Nachdem die Bedeutung des Vertriebs für die Strategieumsetzung und auch die funktionsspezifischen Besonderheiten des persönlichen Verkaufs dargestellt wurden, kommen wir nun zum eigentlichen Prozeß der Strategieumsetzung im Vertrieb.

Es sind insgesamt fünf grundlegende Arbeitsschritte, die dafür nötig sind (vgl. Abb. 14). Betroffen, oder besser gesagt beteiligt, sind natürlich nicht nur Verkäufer, sondern auch Marketingmitarbeiter.

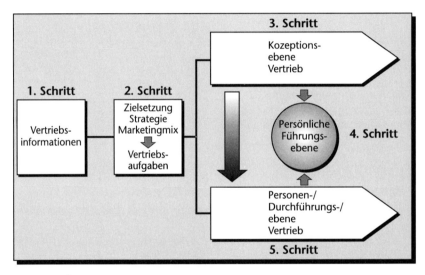

Abb. 14: Übersicht zu den Arbeitsschritten zur Strategieumsetzung im Vertrieb

1. Schritt: Vertriebsinformationen als Strategiebasis

Viele marketingtechnisch saubere Strategien werden nie richtig laufen lernen. Sie haben von Geburt an einen entscheidenden Fehler. Sie sind ohne Beine auf die Welt gekommen und können sich, wenn überhaupt, nur auf Krücken fortbewegen. Anders ausgedrückt: diese Strategien scheitern bereits daran, daß sie die Limitierungen und Gesetzmäßigkeiten ihres wichtigsten Umsetzungsinstruments, des Vertriebs, nicht berücksichtigen. Sie sind von vornherein nicht umsetzungsfähig, weil sie von falschen Voraussetzungen ausgehen, weil sie tatsächlich im Elfenbeinturm erstellt wurden. Der erste

Die fünf Schritte zur Strategieumsetzung im Vertrieb

Schritt zu einer besseren Strategieumsetzung beginnt daher mit der Information über den Ablauf der jeweiligen Vertriebsprozesse und der Vermarktungssituation aus Vertriebssicht. Dazu gehört auch eine detailliertere Berücksichtigung von Wettbewerbs- und Marktinformationen, die direkt von der Verkaufsfront abgefordert werden müssen (vgl. Abb. 15). Nicht ohne Grund werfen viele Verkäufer ihren Strategen fehlende Praxiskenntnisse vor.

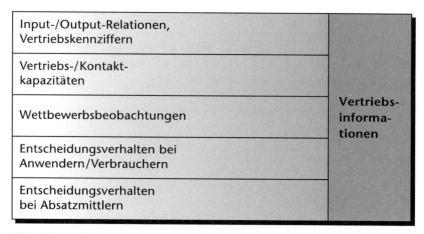

Abb. 15: Wichtige Vertriebsinformationen als Basis der Strategieerstellung

2. Schritt: Die vertriebsorientierte Formulierung der Strategie oder welche Strategieelemente sollen durch den Vertrieb umgesetzt werden?

Auch wenn alle Informationen bei der Strategieentwicklung berücksichtigt werden, so steht noch nicht automatisch fest, wer im Unternehmen für welche Bereiche der Umsetzung verantwortlich ist.

Es ist schon erstaunlich, sogar die meisten Vertriebsleiter unterschätzen die Bedeutung ihrer Vertriebsmannschaften für die Umsetzung von Strategien (vgl. Abb. 16). Oder liegt es nur daran, daß sie nicht wissen, auf wieviel verschiedenen Ebenen eine Strategie umgesetzt werden muß? Fakt ist auf jeden Fall, daß bereits zwischen den Vertriebszielen aus Sicht der Vertriebsleiter und den Erwartungen der Marketingleiter an den Vertrieb enorme Differenzen bestehen. Es ist also nicht nur ein mögliches Fehlverhalten einzelner Vertriebsmitarbeiter, das die Strategieumsetzung erschwert. Der schwarze Peter wird bereits bei der Frage der Aufgabenzuordnung zwischen Marketing und Vertrieb hin und her geschoben.

Überblick zu den Arbeitsschritten

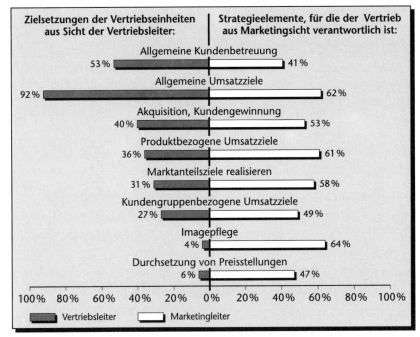

Abb. 16: Vertriebsaufgaben aus Sicht der Verkaufs- und Marketingleiter

Quelle: Mercuri-Befragung von 180 Vertriebs- und Marketingleitern

Neben der richtigen Informationsbasis ist die zweite Voraussetzung für eine effektive Strategieumsetzung die eindeutige Formulierung und Zuordnung der einzelnen Aufgaben- bzw. Verantwortungsbereiche.

Wenn es dabei auch keine Kommunikationsprobleme gibt, kann der Vertrieb mit dem nächsten Schritt der Strategieumsetzung anfangen und seine Vertriebskonzeption entsprechend gestalten.

3. Schritt: Die Vertriebskonzeption

Hierbei geht es um die Formulierung von konkreten Zielen, die Anpassung der Organisations- und Kommunikationsstrukturen sowie der unterstützenden Mittel für den Vertrieb. Unabhängig von der persönlichen Qualifikation der Verkäufer werden damit zunächst die Rahmenbedingungen dafür geschaffen, daß eine Strategie auch auf die in der richtige Art und Weise durch die Vertriebsmitarbeiter umgesetzt werden kann.

Zunächst stellt sich die Frage nach den Vertriebszielen. Jede Strategie, ganz

Die fünf Schritte zur Strategieumsetzung im Vertrieb

gleich ob es sich um Marktdurchdringung oder -extensivierung, Innovator oder Folger, Kosten- oder Preisführerschaft handelt, muß in drei verschiedene Vertriebsziele übersetzt werden:

– Welche Ergebnisse sollen mit welchen Produkten/-gruppen erreicht werden?

– Welche Ergebnisse sollen mit welchen Kunden/-gruppen erreicht werden?

– Welche Leistungsmerkmale, Images und Positionierungen sollen dabei herausgestellt werden?

Auch heutzutage erhalten viele Vertriebsmannschaften aber nur produktbezogene Umsatzziele, so daß eine systematische Strategieumsetzung schon an Zufall grenzt.

Anschließend muß überprüft werden, ob die bestehende Organisationsstruktur überhaupt geeignet ist, diese Ziele zu erreichen. Eventuell müssen die Aufgaben zwischen den einzelnen Vertriebsabteilungen anders aufgeteilt werden als bisher.

Die nächste Frage gilt den vertriebsinternen Kommunikationsstrukturen und Schnittstellen. Wie muß die Zusammenarbeit und der Informationsaustausch, z. B. zwischen Innen- und Außendienst organisiert sein?

Weiterhin muß festgelegt werden, wie der Weg zur Zielerreichung beobachtet und beeinflußt werden kann, welche Steuerungsinstrumente in welcher Ausprägung zum Einsatz kommen sollen. Dazu gehört auch die Rückkopplung der Zielerreichungsgrade an die strategischen Abteilungen, die Erläuterung der Hintergründe und der entsprechenden Marktreaktionen.

Das letzte Element der Vertriebskonzeption ist die Abstimmung der unterstützenden Maßnahmen und Instrumente, die die Verkäufer für das Umsetzen der Strategie benötigen. Die Palette reicht von Mustern und Prospekten bis zu Preisaktionen, Werbe- und Verkaufsförderungsmaßnahmen (vgl. Abb. 17).

Abb. 17: Die Elemente eines Vertriebskonzepts zur Strategieumsetzung

4. Schritt: Das Führungsverhalten

Eine so ausgestaltete Vertriebskonzeption beeinflußt bereits durch ihre Existenz das Arbeitsverhalten der Mitarbeiter in den Vertriebsabteilungen. Das allein reicht allerdings nicht aus. Die Arbeit von Vertriebsmannschaften ist erheblich schwieriger zu strukturieren und zu systematisieren als z. B. Produktionsprozesse. Vertriebsarbeit ist letztlich nichts anderes, als die Durchführung einer Vielzahl von Beratungs- und Überzeugungsprozessen und nicht die Bearbeitung von Werkstücken. Da sich diese Prozesse zwischen Menschen abspielen, lassen sie sich nie völlig standardisieren oder normieren, sondern sie müssen permanent für jeden einzelnen Mitarbeiter individuell gestaltet werden. Eine zusätzliche Komplexitätsstufe entsteht durch die Marktsituationen der Kunden, die ebenfalls nie identisch sind.

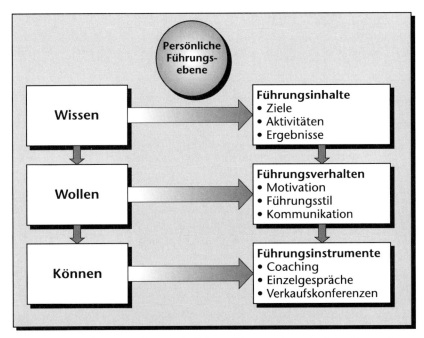

Abb. 18: Die Elemente der persönlichen Führungsebene bei der Strategieumsetzung

Würde man die Vertriebsarbeit als traditionellen Produktionsprozeß beschreiben, so wäre es so, als wenn mehrere Werkstücke (= Produkte) auf ca. 120 verschiedenen Drehbänken (= Kunden) von jeweils einer Person bearbeitet werden müßten. Die Drehzahlen und Werkzeugbestückungen (= Anforderungen und Entscheidungskriterien) der Drehbänke sind alle unterschiedlich, teilweise nicht bekannt, und es existieren keine schriftlichen Bedienungsanleitungen. Die Bearbeitungszeiten können vorab nur geschätzt werden, aber trotzdem soll das Werkstück zu einem bestimmten Zeitpunkt eine bestimmte Form aufweisen. Ein solcher Produktionsprozeß kann natürlich nicht nur nach starren Regeln und Vorgaben ablaufen, sondern die Einsatzsteuerung der Mitarbeiter muß sehr individuell und situativ erfolgen.

Das gilt ebenso für den Vertrieb. Die Zielsetzungen und Strukturen der Vertriebskonzeption müssen an den Entwicklungsstand und die Fähigkeiten der einzelnen Mitarbeiter sowie an unterschiedliche Gebiets- und Kundenpotentiale angepaßt werden. Ohne Führungskräfte, die diese Aufgabe wahrnehmen, wird sich kein noch so gutes Vertriebskonzept umsetzen lassen.

Schließlich müssen die Ziele so kommuniziert und die Mitarbeiter so unterstützt werden, daß das **Wissen, Wollen** und **Können** sichergestellt ist (vgl. Abb.18, s. S. 39). Die Führungskräfte müssen über die Anforderungen/Hintergründe der Strategie informieren und die Verkäufer soweit motivieren und qualifizieren, daß sie die Ziele erfüllen können.

5. Schritt: Die Personen-/Durchführungsebene bei der Strategieumsetzung

Auch hier spielt ebenso wie beim Führungskonzept das Wort Motivation eine wichtige Rolle. Allerdings ist damit jetzt das Selbstverständnis der Mitarbeiter gemeint. Verkäufer müssen sich mit strategischen Zielen und dem für die Zielerreichung nötigen Verhalten identifizieren. Sie müssen sich auch von alten Erfolgsmaßstäben verabschieden. Nur so werden sie eine permanente Leistungsbereitschaft entwickeln können.

Aber der wahrscheinlich schwierigste Schritt im Rahmen der persönlichen Strategieumsetzung ist die Transformation der persönlichen Vertriebsziele in einzelne Aktivitäten- und Zeitpläne. Verkäufern fällt es vielleicht noch etwas schwerer als anderen Mitarbeitern, gewohnte Verhaltensweisen zu ändern. Die meisten Aktivitäten sind mit zwischenmenschlichen Kontakten verknüpft und bei neuen oder anderen Tätigkeiten ist das Risiko von Mißerfolgserlebnissen besonders hoch. Entsprechend stark sind die Abwehrhaltungen. Ein weiteres Problem liegt darin, daß es sich bei der Aktivitätenplanung um ein analytisches Thema handelt, für das die vorwiegend kontaktorientierten Verkäufer nicht ausgebildet sind.

Betrachtet man den direkten Kundenkontakt und das Verkaufsverhalten, so lassen sich zahlreiche weitere Punkte finden, die unter Umständen strategiebezogen gestaltet werden müssen. Fast alle qualitativen Ziele wie Image, Positionierung, Kundenorientierung oder Zuverlässigkeit, müssen sich auch im Kontaktverhalten widerspiegeln. Andere Strategieelemente wie die Darstellung von Leistungskriterien oder Verwendungsschwerpunkte von Produkten müssen in der richtigen Dosierung in den Argumentationsaufbau einfließen. Eine konsequente Strategieumsetzung im Vertrieb erfaßt somit auch alle Verhaltensaspekte gegenüber Kunden, bis hin zur Handhabung von Einwänden. Schließlich gehört auch die Teamarbeit im Haus und in gemeinsamen Projektgruppen dazu. Insgesamt muß der strategische Verkäufer damit sechs Funktionen beherrschen (vgl. Abb. 19).

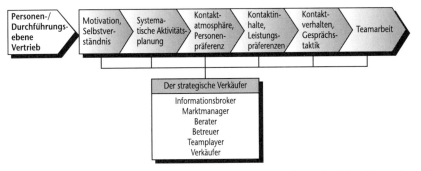

Abb. 19: Die Elemente der Personen-/Durchführungsebene bei der Strategieumsetzung

In der Abbildung 20 werden **zusammenfassend** alle Arbeitsschritte zur Strategieumsetzung im Vertrieb mit den Teilaufgaben dargestellt. Dies ist zugleich eine grobes Prüfraster, um festzustellen, inwieweit eine Strategie bereits laufen gelernt hat. Diese Abbildung ist für Sie noch einmal als Faltblatt in die Umschlagseite 3 eingelegt. Für Ihre Pinwand, den Workshop oder das Seminar.

Die fünf Schritte zur Strategieumsetzung im Vertrieb

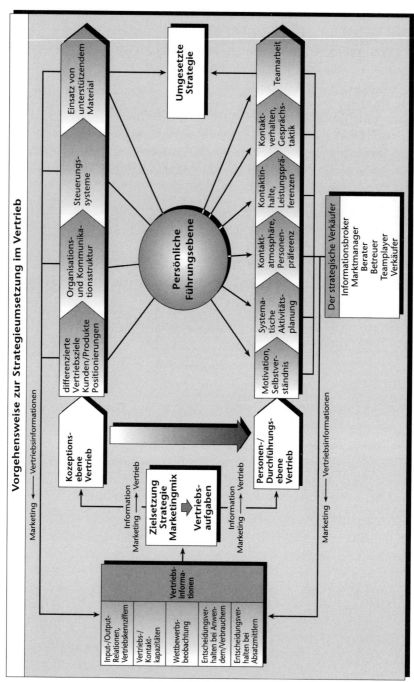

Abb. 20: Die einzelnen Schritte der Strategieumsetzung im Vertrieb

FOKUS

1. Es sind nicht mehr als fünf Arbeitsschritte, mit denen eine Strategie zum Laufen gebracht wird.

2. Ausreichende Informationen über die Vertriebskapazitäten, das Entscheidungsverhalten der Kunden und eine klare Zuordnung von Aufgaben für den Vertrieb bilden die Basis.

3. Über eine entsprechende Vertriebskonzeption und eine individuelle, persönliche Führung werden die Aktivitäten der einzelnen Vertriebsmitarbeiter konsequent auf die Strategieumsetzung ausgerichtet.

4. Der letzte Schritt ist eine zielorientierte Durchführung der Kundenkontakte.

II. 1. Schritt: Vertriebsinformationen als Strategiebasis

Der potentielle Umsetzungsgrad einer Strategie wird zunächst durch die Qualität ihrer Informationsgrundlage bestimmt. Da der Vertrieb in den meisten Fällen das wichtigste Umsetzungsinstrument ist, nehmen Vertriebsinformationen einen besonderen Stellenwert ein (vgl. Abb. 21). Durch die unterschiedlichen Blickwinkel von Marketing und Vertrieb sowie die teilweise unzureichende Kommunikation zwischen den beiden Abteilungen bleiben in der Praxis jedoch viel zu viele Informationen unberücksichtigt. Die Folge sind Marketingstrategien, die bereits von vornherein erhebliche Umsetzungsdefizite aufweisen. Je früher und ausführlicher die Arbeitsbedingungen des Vertriebs in die Strategieformulierung einfließen, desto höher wird auch die Umsetzungswahrscheinlichkeit und damit der Strategieerfolg sein. Darüber hinaus verfügt der Vertrieb noch über wichtige Marktinformationen, die das Marketing in vielen Fällen aus keinen anderen Informationsquellen erhalten kann.

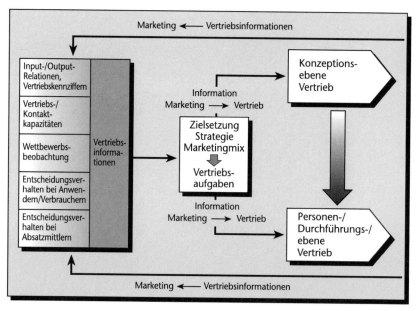

Abb. 21: Vertriebsinformationen als wichtige Grundlage der Strategieformulierung und Zielsetzung

1. Schritt: Vertriebsinformationen als Strategiebasis

Da die Marketingabteilungen üblicherweise nach dem Produktmanagement-Prinzip organisiert und deshalb in der Regel stark auf das Produkt fixiert sind, wird die generelle Vermarktungssituation des Vertriebs bei der Strategieerstellung nur in Ausnahmefällen ausreichend berücksichtigt. Wenn die Konzepterstellung ausschließlich im Elfenbeinturm des Produktmanagements erfolgt, mag sie zwar theoretisch und marketingtechnisch brillant sein, geht aber in der Regel an den Praxisanforderungen vorbei. Die Türen zu diesem Elfenbeinturm können nur durch die bessere Berücksichtigung der Erfahrungen des Vertriebs vor Ort geöffnet werden. Einen Großteil der Marktanforderungen erleben nur die Verkäufer – und zwar jeden Tag – hautnah. Je stärker der Vertrieb spürt, daß sein Wissen auch tatsächlich in die Strategieerstellung einfließt, desto höher wird anschließend die Identifikation und Motivation zur Umsetzung sein. Die durch den Elfenbeinturm-Begriff symbolisierte Isolation von Marketing und Vertrieb verschwindet.

Es ist aber nicht nur ein eventuelles Desinteresse des Marketing an Vertriebsinformationen, das umsetzungsfähigere Strategien verhindert. Oftmals hat der Verkauf trotz seiner Kritik am Marketing gar nicht das Bedürfnis, bestimmte Türen aufzustoßen. Um die offensichtlich dringend nötige, qualifizierte Informationsfunktion für das Marketing wahrnehmen zu können, müssen sich in vielen Fällen erst Selbstverständnis und Aufgabenbild der meisten Vertriebsmannschaften ändern. Neben der klassischen Verkaufsrolle, Aufträge zu schreiben oder Umsatz zu machen, muß der Verkäufer im Rahmen einer effektiven Strategieimplementierung noch weitere Rollen beherrschen. Eine davon ist die des Informationsbrokers, der Botschaften und Visionen an Kunden und Interessenten vermittelt, der aber auch umgekehrt wichtige Markt- und Kundenveränderungen erkennt und an Marketing reportet.

Insofern ist ein Teil der von den Verkäufern so oft reklamierten Elfenbeinturmmentalität des Marketing durch sie selbst verschuldet. Die Verkäufer liefern vielfach nicht die Informationen, die Marketing benötigt, um Strategien möglichst praxisbezogen und somit umsetzungsfähig zu gestalten.

In einer Studie von Lingenfelder über die Marketingorientierung von Vertriebsleitern (vgl. Abb. 22) gehörten die »*rasche Identifikation von Veränderungen im Verbraucherverhalten*« und »*die Beobachtung und Analyse der Wettbewerber*« zu den Vertriebsaufgaben, die die meisten Defizite aufwiesen.

Genau bei der Strategieformulierung und -ausgestaltung treffen zwei der größten Schwachpunkte der beiden Abteilungen aufeinander: Die Isolation des Marketing von der Umsetzungssituation des Vertriebs und die fehlende

Die fünf Schritte zur Strategieumsetzung im Vertrieb

Bereitschaft und/oder Fähigkeit vieler Verkaufsmannschaften, Kunden- und Marktsituationen zu analysieren sowie Kapazitäten transparent zu machen. In den meisten Unternehmen ist dadurch schon garantiert, daß das Thema der Umsetzung von Marketingstrategien im Vertrieb ein Dauerbrenner sein wird. Daher werden wir uns auch zunächst mit diesen »blinden Flecken« im Marketing-Auge beschäftigen.

Vertriebsaufgaben	Mittelwert
Aufbau eines EDV-gestützten Vertriebsinformationssystems	4,0
Rasche Identifikation von Veränderungen im Verbraucherverhalten	3,7
Beobachtung und Analyse von Maßnahmen der Wettbewerber	3,6
Förderung von Nachwuchskräften für Führungsaufgaben im Vertrieb	3,6
Rasche Identifikation neuer Trends im Handel	3,5
Kontrolle aller Vertriebsmaßnahmen	3,3
Mitwirkung bei der Entwicklung neuer Produkte	3,2
Zusammenarbeit mit anderen Unternehmensbereichen	3,2
Motivierung der Mitarbeiter der Vertriebsabteilung	3,1
Kooperation mit Handelsunternehmen	2,8
Koordination von Innen- und Außendienst im Vertriebsbereich	2,8
Qualifizierte Betreuung von „Schlüsselkunden"	2,7
(1 = kein Defizit, 7 = sehr großes Defizit)	

Abb. 22: Defizite bei der Wahrnehmung ausgewählter Vertriebsaufgaben
Quelle: M. Lingenfelder: Die Marketingorientierung von Vertriebsleitern als strategischer Erfolgsfaktor

Produkte werden für die Anwender, Verwender bzw. Endverbraucher konzipiert. Deren Bedarfsstrukturen werden erforscht, beobachtet und analysiert. Eine Vielzahl von Marktforschungsmethoden steht dafür zur Verfügung und pro Jahr werden allein in Deutschland ca. 1 Milliarde DM für die Verbraucherforschung ausgegeben. Der Anteil der sogenannten business-to-business-Marktforschung, die auch die Absatzmittler und industriellen Anwender miteinbezieht, liegt allerdings nur bei ca. 10–20%. Allein dadurch wird deutlich, daß einige Schlüsselfaktoren von Kaufentscheidungen oft unberücksichtigt bleiben.

Damit ist der **erste blinde Fleck** des Marketing lokalisierbar. Es sind die Absatzmittler und deren Probleme, die vom Marketing-Radar nur unzureichend erfaßt werden. Spektakuläre Ereignisse der vergangenen Jahre, wie

1. Schritt: Vertriebsinformationen als Strategiebasis

die drastische Preissenkung der Hyper-Marke Marlboro in den USA, machen das mehr als deutlich. Es war offensichtlich der einzige Weg, der Philipp Morris blieb, um sich gegen die preisaggressiven Handelsmarken zu wehren. Anscheinend war kein Markenimage und keine Werbekampagne in der Lage, die Preispositionierung von Marlboro abzusichern. Wahrscheinlich wurden auch die Verbraucherbedürfnisse falsch eingeschätzt. Aber erst die fehlende Berücksichtigung der eigenständigen Marktbearbeitungspolitik des Handels verursachte das Desaster. Ähnliche Erfahrungen mußte Coca Cola mit der Handelsmarke Sainsbury-Cola in England machen.

Der Mythos des klassischen Markenartikels, der seine Stärke aus einer eigenständigen Markenführung gegenüber dem Verbraucher zieht, ist damit zumindest schwer angeschlagen, wenn nicht sogar schon in einigen Segmenten untergegangen. Dem traditionellen Produktmanagement fällt es bisher extrem schwer, Bedürfnisse von Absatzmittlern frühzeitig zu erkennen und in der Marketingstrategie entsprechend zu berücksichtigen. Gerade im Bereich des Lebensmitteleinzelhandels ist der Handel weit mehr als ein reiner Distributionsfaktor. Er besitzt eigene Produktionskapazitäten und greift mit eigenständiger Preis- und Sortimentspolitik gestaltend in den Markt ein. Die Rewe ist vor kurzem noch einen Schritt weiter gegangen und übernahm eine erhebliche Beteiligung am Privat-TV-Sender PRO 7. Auch die anderen Branchen würden gut daran tun, sich diese Entwicklung anzusehen. Denn bisher war es immer so, daß Trends aus den Konsumgüter-Branchen wenig später in den business-to-business-Bereich überschwappten.

Der **zweite blinde Fleck** des Marketing liegt in den Investitionsgüter-, Rohstoff- und Halbzeugbranchen. Im Gegensatz zur Konsumgüterindustrie gibt es dort kaum permanent verfügbare Marktforschungsinformationen über das Entscheidungsverhalten der Käufer (oder präziser ausgedrückt, der industriellen Anwender und Verwender). Hier kommt es verstärkt darauf an, den Vertrieb als generelle und sicher auch preiswerte Marktforschungsquelle zu nutzen. Sonst besteht die Gefahr, daß Marketing zu einer rein technisch orientierten Produktpflege und -entwicklungsabteilung degeneriert, die völlig an den Marktbedürfnissen vorbei arbeitet.

Der **dritte blinde Fleck** bezieht sich wiederum auf alle Branchen. Wenn Wettbewerbsaktivitäten bereits für jeden erkennbare Ergebnisse im Markt zeigen, ist es für wirksame Reaktionen oft zu spät oder es ist bereits wertvolle Zeit verschwendet worden. Natürlich soll hier nicht zur Industriespionage aufgerufen werden. Aber der Vertrieb hat zahlreiche Gelegenheiten, bereits im Vorfeld von sichtbaren Ergebnissen im Markt Wettbewerbsaktivitäten zu identifizieren. Nur durch das Auge des Verkäufers hat Marketing eine Chance, seine Strategien früher an die veränderten Situationen anzupassen, stärker von der Reaktion zur Aktion zu kommen.

> **FOKUS**
>
> 1. Die Umsetzung von Strategien beginnt bereits bei einer möglichst praxisbezogenen Informationsgrundlage zur Strategieerstellung.
> 2. Ohne die Berücksichtigung von Informationen aus dem Vertrieb ist das nicht möglich.
> 3. Die größten Informationsdefizite hat Marketing bei dem Entscheidungsverhalten von Absatzmittlern und industriellen Verwendern sowie bei der Wettbewerbsbeobachtung.

1. Der blinde Fleck des Marketing bei Absatzmittlern

Natürlich haben die meisten Konsumgüterunternehmen Informationen über ihren Status beim Handel. Daten über Regalstrecken, Lagerbestände, out of stocks und Durchschnittspreise sind praktisch tagesaktuell abrufbar. Numerische und gewichtete Distributionsgrade werden richtigerweise als Schlüsselfaktoren für den Markterfolg angesehen. Doch dem dahinterstehenden »Warum« wird kaum Aufmerksamkeit geschenkt. Es gibt zahlreiche Gruppendiskussionen mit Verbrauchern, in denen deren Entscheidungshintergründe erforscht werden. Gruppendiskussionen und auch der Einsatz anderer Marktforschungsmethoden (abgesehen von Panel-Untersuchungen) bei Händlern haben dagegen Exotencharakter. Komplexe Marktforschungsstudien, die die Kundenbindung in verschiedenen Ebenen erfassen können, finden z. B. in den Marketingstäben der Konsumgüterhersteller nur wenig Resonanz. Geordert werden solche Untersuchungen, wen wundert's, entweder von den Vertriebsabteilungen oder der Geschäftsleitung. Andererseits werden aus den Marketingbudgets Jahr für Jahr Millionenbeträge bezahlt, um Produkte im Sortiment des Handels zu halten.

Noch schlimmer ist die Situation in anderen Branchen, in denen es keine standardmäßig erhobenen Handelsdaten wie bei den Konsumgütern gibt. Dort wird der Handel oft nur als eine ausgelagerte Versandabteilung angesehen, mit der man notgedrungen leben muß.

1. Schritt: Vertriebsinformationen als Strategiebasis

Aber egal wie groß die Macht des Handels in der jeweiligen Branche ist, Produkte und Leistungen werden fast immer getreu der Devise »Jedes Argument für den Verbraucher ist auch ein Argument für den Handel« konzipiert. Nur wenige Marketingabteilungen denken darüber nach, nach welchen Kriterien der Handel z. B. seine Sortimente zusammenstellt. Noch weniger Unternehmen lassen diese Erkenntnisse in ihre Produktpolitik einfließen. Erst in letzter Zeit sind bei den Markenartikelherstellern durch **DPR (Direkte Produkt Rentabilität), Category Management** und **ECR (Effecient Consumer Response)** deutliche Veränderungen spürbar.

Natürlich wissen Produktmanager um die Bedeutung des Handels und versuchen, diesen Faktor zu berücksichtigen. Trotzdem ist ihr Wissen darüber lückenhaft. Kaum ein Produktmanager kennt, sofern er nicht durch ein aktuelles Problem darauf aufmerksam wurde, bei seinen drei wichtigsten Kunden

– die Sortimentsveränderungen, Listungen, Plazierungen und Aktionsanteile des letzten Jahres

– für alle wesentlichen Produkte der von ihm betreuten Warengruppe (nicht nur für seine eigenen Produkte)

– und die Begründungen dafür.

Obwohl genau diese Daten ausschlaggebend für das Entscheidungsverhalten des Handels und die Konzeption von Strategien sind, kennen viele Marketingverantwortliche sie kaum für ihre eigenen Produkte, geschweige denn für die gesamte Warengruppe.

Um Erfolg zu haben, müssen die meisten Produkte heute **duale oder sogar multiple Kundenebenen** (z. B. Handel und Handwerker und Endverbraucher) explizit berücksichtigen. Das Nadelöhr Absatzmittler ist sonst verschlossen oder nur mit immer höheren Listungsgeldern zu öffnen. Natürlich wird der Handel in jedem Fall seine Nachfragemacht ausnutzen, aber um so stärker, je geringer sein Bedürfnis nach den Produkten ist. Die Bedeutung des Category Managements im Handel zeigt, daß es neben Rabatt und Endverbrauchernachfrage noch andere Entscheidungskriterien gibt. Selbst im Finanzdienstleistungsbereich beginnen z. B. einige Versicherungen und Banken/Sparkassen ihre Produkte auch auf die Anforderungen der Finanzmakler abzustimmen. Sie nehmen nicht mehr ausschließlich den Verbraucher ins Visier.

Strategieumsetzung im Vertrieb beginnt deshalb bei mehrstufigen Absatzprozessen bei einer ausreichenden konzeptionellen Berücksichtigung der

Absatzmittler (Checkliste 1). Auch die in vielen Unternehmen anzutreffenden Handelsmarketing-Abteilungen schaffen hier kaum Abhilfe. Handels- und Produktmarketing lassen sich, wenn beide Begriffe richtig verstanden werden, ebenso wenig trennen, wie der Einfluß von Einkaufsstätte und Produkt auf den Markterfolg. Fast alle Handelsmarketing-Abteilungen, die wir bei unserer Beratungstätigkeit kennenlernten, haben daher auch mehr den Charakter einer Verkaufsförderungs-Agentur. Gestalterischer Einfluß auf die Konzept- bzw. Strategieerstellung geht von ihnen in der Regel nicht aus oder wird vom Marketing nicht akzeptiert. Lediglich das Key Account Management nimmt seine Informationsfunktion in einigen Fällen richtig wahr und kann sich auch beim Marketing durchsetzen. Allerdings entstehen dadurch oft nur Insellösungen, die nicht immer übertragbar sind.

Generell sollte Marketing die fehlenden Informationen über Absatzmittler aktiv beim Vertrieb, den Experten für diese Kundengruppe, suchen. Zweifellos geschieht das auch im Einzelfall, aber wir haben nur sehr selten ein System vorgefunden, das einen gezielten Informationsfluß personenunabhängig sicherstellt.

Angesprochen auf dieses Thema antworten die meisten Marketingmitarbeiter, daß sie durchaus Interesse an mehr Informationen über den Handel hätten. Das Problem liege bei den Verkäufern, die nur Preisforderungen weiterleiten würden. Das deckt sich mit unseren Praxiserfahrungen und hier zeigen die typischen Analyse-Schwächen von Vertriebsmannschaften deutliche Auswirkungen. Ein Blick in die Stellenanzeigen für Verkäufer offenbart auch ein grundsätzliches Problem. Bisher gelten noch immer »Kontaktstärke« und »Überzeugungskraft durch Persönlichkeit« als die herausragenden Erfolgsfaktoren für Verkäufer. Folglich suchen die meisten Unternehmen den *»kontaktstarken und in der Branche eingeführten Verkaufsrepräsentanten«*.

Erheblich seltener werden in den Stellenangeboten analytische Eigenschaften, wie das Erkennen von Potentialen oder Erarbeiten von Analysen über die Durchdringung bestimmter Kundenstrukturen, angesprochen. Lediglich bei der Beschreibung von Key Account Managern, den Eliteverkäufern, findet man diese Begriffe. Die meisten Vertriebsmannschaften werden hier noch einen Lernprozeß durchlaufen müssen.

Werden all diese Informationen bei der Konzeption und Ausgestaltung von Strategien berücksichtigt, so wird die Umsetzung von Strategien erheblich erleichtert. Dann wird sich der Vertrieb motivierter mit dieser Aufgabe beschäftigen. Die Strategie erreicht durch die bessere Berücksichtigung der Anforderungen von Absatzmittlern ihr Hauptziel, den Endverbraucher, schneller und in der Regel auch preiswerter.

1. Schritt: Vertriebsinformationen als Strategiebasis

Vertriebsinformationen für eine umsetzungsfähige Ausgestaltung von Strategien	Informationsquellen des Vertriebs	bekannt?	Maßnahmen
Welche strategischen Sortimentsziele verfolgen die Absatzmittler?	Gespräche, Veröffentlichungen		
Mit welchen Warengruppen/Artikeln wollen sie den Kunden ihre Leistungsfähigkeit beweisen?	Gespräche, persönliche Beobachtungen, Auswertung Werbung		
Was ist aus Handelssicht eine ertragsstarke Warengruppe/Artikel? Welche Anforderungen stellt er dabei an Spanne, Umschlag, Flächenproduktivität, Handling-/Distributionsaufwand?	Gespräche		
Wie werden die Abgabepreise des Handels kalkuliert, welche Rabatte werden wie berücksichtigt?	Gespräche, eigene Berechnungen		
Welche Zusatzleistungen werden, je nach Einstufung eines Produkts, durch den Handel für Listung und Handling verlangt?	Auswertung Vergangenheitsdaten, Trendanalysen		
Welche Aktivitäten ergreift der Handel bei seiner Marktbearbeitung?	Beobachtungen		
Wodurch unterscheidet er sich von den Hauptwettbewerbern?	Gespräche, Beobachtung		
Nach welchen Kriterien werden Ausstellungs- und Regalflächen vergeben?	Gespräche		

Checkliste 1: Typische Vertriebsinformationen über Absatzmittler

FOKUS

1. **Für eine ausreichende Berücksichtigung von Macht und Einfluß der Absatzmittler müssen bei der Strategieerstellung weitaus mehr Informationen über das Entscheidungsverhalten dieser Kundengruppe berücksichtigt werden als üblicherweise vorliegen.**

2. **Viele dieser Informationen sind auch dem Verkauf, da er sich mehr als »Macher« und weniger als Analytiker versteht, nicht immer bekannt.**

3. **Marketing- und Vertriebsabteilungen müssen beide ein noch größeres Interesse für den Handel bzw. für eine detailliertere Informationsbeschaffung entwickeln.**

2. Der blinde Fleck des Marketing beim industriellen Anwender

Für die Kundengruppe der privaten Verbraucher werden in einigen Branchen sehr umfangreiche Marktforschungsinformationen angeboten. Über die Entscheidungskriterien der industriellen Anwender ist jedoch vergleichsweise wenig bekannt. Eines der prominentesten Beispiele ist die Krise des deutschen Maschinenbaus Anfang der 90er Jahre. Das Marketing vieler Maschinenbauer hatte sich weitgehend auf eine Maximierung der Produktleistung konzentriert, obwohl die Sorgen und Nöte der Kunden in ganz anderen Bereichen (begrenzter Leistungsumfang zu einem möglichst günstigen Preis) lagen. Erst als die Absatzzahlen einbrachen, wurde das Problem erkannt. Hätte es eine intensivere Rückkoppelung mit dem Vertrieb gegeben, hätten Fehlentwicklungen zweifellos vermieden und wertvolle Reaktionszeit gewonnen werden können. Auch wir erleben in unserer Beratungspraxis immer wieder, daß gerade bei Investitionsgütern eine an Scheuklappen grenzende Konzentration auf die originäre Produktleistung stattfindet. Es handelt sich dann beim Marketing mehr um eine Produktverwaltung als um eine marktorientierte Ausgestaltung des Unternehmens. Wir haben Betriebe mit Milliardenumsatz kennengelernt, die keine abgestimmte Vor-

1. Schritt: Vertriebsinformationen als Strategiebasis

stellung über die Bedeutung einzelner Entscheidungskriterien bei ihren Kunden hatten. Die Strategien wurden auf Grundlage von persönlichen Einschätzungen des Marketing erstellt. Erst im Laufe der Zusammenarbeit mit uns wurden entsprechende Untersuchungen erstellt und mit Verkauf und Marketing abgestimmt. Die Folge war eine drastische Akzeptanzerhöhung bei den unterschiedlichen Kundenebenen, die auch bei anschließend durchgeführten Kundenbefragungen bestätigt wurde.

Informationen über **Entscheidungskriterien** von industriellen Anwendern können natürlich ebenso wie die Informationen über private Verbraucher auch durch externe Marktforschungsunternehmen erhoben werden. Die Kosten dafür sind allerdings relativ hoch, da es sich in den meisten Fällen um Einzelstudien handelt, die nur für einen Hersteller gemacht werden. Ein weiterer, erschwerender Faktor für die Analyse der Kundenanforderungen durch externe Institute, ist das hohe Fach- und Branchenwissen, das in diesen Marktbereichen nötig ist. Häufig ist der eigene Außendienst eine viel preiswertere Alternative, speziell wenn durch wiederholte Befragungen auch Veränderungen im Zeitablauf festgestellt werden sollen.

Verschärft wird das Problem der fehlenden Transparenz über die Vielfältigkeit der Entscheidungskriterien noch durch die mangelnde Berücksichtigung von Änderungen in den **Entscheidungshierarchien**. Lopez-Effekt und Lean-Konzepte verlagern Einkaufsentscheidungen vom Betrieb, vom Anwender, zu den kaufmännischen Abteilungen. Ähnliches gilt für Total Quality Management, das unter Umständen völlig neue Beurteilungskriterien aufstellt. Dadurch können auch Einzelkriterien der jeweiligen Kaufentscheidung ein anderes Gewicht erhalten.

Informationen über Entscheidungshierarchien bzw. die Änderung von Entscheidungskompetenzen sind, im Gegensatz zu Informationen über Entscheidungskriterien, nicht so einfach zu ermitteln. Zunächst werden nur die wenigsten Unternehmen gegenüber Dritten, das heißt Marktforschern, ihre Entscheidungsstrukturen und -prozeduren offenbaren. Und selbst wenn, dann müssen noch das Wunschdenken der Befragten und die persönlichen Eitelkeiten berücksichtigt werden. Wer sagt schon gerne von sich selbst, daß er eigentlich gar nichts entscheiden darf. Anstatt zu fragen: »Wer entscheidet darüber?« ist es meistens besser, die Frage umzuformulieren, z. B.: »Wer entscheidet mit Ihnen?« oder »Wie wird das der Einkauf nach Ihrer Meinung beurteilen? Was werden für ihn die entscheidenden Punkte sein?«

Entscheidungsstrukturen und deren Veränderungen sind aber nicht nur für die Ausgestaltung und Darstellung der Leistungseigenschaften eines Produkts wichtig. Auch die Werbe- und Kommunikationsmaßnahmen, mit deren Hilfe Entscheider unabhängig vom Vertrieb angesprochen werden sollen, müssen unter Umständen völlig anders gestaltet werden (Checkliste 2).

Vertriebsinformationen für eine implementierungsfähige Ausgestaltung von Strategien	Informationsquellen des Vertriebs	bekannt?	Maßnahmen
Welche Funktionsbereiche sind in welchem Ausmaß an der Kaufentscheidung beteiligt?	Gespräche, eigene Einschätzungen, (Marktforschung)		
Welche Entscheidungskriterien sind, speziell neben der originären Produktleistung, wie wichtig?	Gespräche, eigene Einschätzungen, (Marktforschung)		
Wodurch unterscheiden sich die Entscheidungskriterien der einzelnen Funktionsbereiche?	Gespräche, eigene Einschätzungen, (Marktforschung)		
In welchen Funktions-/Entscheidungsebenen beim Kunden ist der Vertrieb in welchem Ausmaß präsent?	eigene Analysen des Vertriebs		
Welche Veränderungen der Einsatzbedingungen unserer Produkte beim Kunden sind erkennbar?	Gespräche, Beobachtungen		
Wie verändern sich die Absatzmärkte der Kunden?	Gespräche, Beobachtungen, Branchenstudien		
Wie verändern sich die Abnehmerstrukturen der Kunden?	Gespräche, Beobachtungen, Branchenstudien		

Checkliste 2: Typische Vertriebsinformationen über industrielle Anwender

Natürlich werden Vertrieb und Marketing bei diesem Thema immer wieder auf bestimmte Interpretationen und Mutmaßungen angewiesen sein. Trotzdem ist es erheblich besser, Informationen mit gewissen Unsicherheiten zu nutzen, als gar keine Informationen bei der Strategieerstellung zu berücksichtigen oder nur die Vergangenheitswerte fortzuschreiben.

1. Schritt: Vertriebsinformationen als Strategiebasis

Ein anderer Punkt, der ebenfalls häufig zu wenig beachtet wird, sind Änderungen der Rahmen- bzw. Einsatzbedingungen der jeweiligen Produkte beim Kunden. Dabei geht es auch um Veränderungen in deren Absatzmärkten. Wenn sich die Marktakzeptanz der Produkte, die mit den jeweiligen Rohstoffen oder Halbzeugen hergestellt werden, ändert, hat das natürlich gravierende Auswirkungen auf die Strategie. Normalerweise muß Marketing in solchen Situationen **Spezialist für zwei Märkte** sein: Für den eigenen und für den des Kunden. Es liegt auf der Hand, daß viele Informationen dafür am einfachsten durch den eigenen Vertrieb zu erhalten sind.

Nicht ganz so im Trüben fischen die Marketingspezialisten der Zulieferindustrien bei den Verarbeitungsbedingungen ihrer Produkte. Allerdings gibt es auch hier um so mehr Mängel, je vielschichtiger die Einsatzmöglichkeiten sind. Generell klappt in diesem Punkt die Zusammenarbeit zwischen Marketing und Vertrieb noch am besten. Die Entwicklungen im Maschinenpark der Kunden sind meistens bekannt und werden, wenn es sich um branchenübergreifende Trends handelt, auch als wichtige Informationsgrundlage bei der Strategieerstellung berücksichtigt.

FOKUS

1. **Die isolierte Konzentration auf die Produktleistung bzw. die mangelnde Berücksichtigung der Bedürfnisse der industriellen Anwender führen oft in eine Marketing-Sackgasse.**

2. **Auch hier ändern sich Entscheidungskriterien und -ebenen durch Lopez-Effekt sowie Lean- und Reengeneering-Maßnahmen in einem rasanten Tempo.**

3. **Für die Informationsbeschaffung im industriellen Bereich können aus Kosten- und Kompetenzgründen nur in wenigen Fällen externe Marktforschungsinstitute eingesetzt werden. Der Verkauf trägt die Hauptlast.**

3. Der blinde Fleck des Marketing bei der Wettbewerbsbeobachtung

 Ebenfalls eine Spitzenstellung bei der Nichterfüllung von Vertriebsaufgaben nimmt die Beobachtung und Analyse des Wettbewerbsverhaltens ein. Normalerweise muß kein Marketingmitarbeiter für die Bedeutung von Wettbewerbsinformationen durch den Vertrieb sensibilisiert werden. Rechtzeitige Informationen über die Aktivitäten des Wettbewerbs bei den Kunden verschaffen oft entscheidende Vorsprünge im Markt. Trotzdem führen die systematische Wettbewerbsbeobachtung und der Informationsaustausch darüber noch vielfach ein Schattendasein. Nur bei 36% der von uns zur Strategieumsetzung befragten Unternehmen wurden Wettbewerbsinformationen durch den Vertrieb an das Marketing weitergegeben. Das manager magazin überschrieb einen Artikel zu diesem Thema treffend mit »Funkstille bei der Feindaufklärung«. In der umgekehrten Richtung, bei der Weitergabe von Informationen über Wettbewerbsaktivitäten vom Marketing an den Vertrieb, sinkt dieser Wert auf nur 17% aller Fälle. Was die Situation noch verschärft: In diesem Punkt versagen fast alle externen Informationsquellen. Die klassischen Marktforschungsinstrumente wie Befragungen greifen bei so sensiblen Themen nur sehr indirekt. Doch wo liegen die Herausforderungen und wie können sie bewältigt werden?

Zunächst sollte es kein Problem für den Vertrieb sein, neue Produkte oder Sortimentsveränderungen von Konkurrenten sofort zu bemerken. Aber selbst das funktioniert fast ausschließlich personenabhängig und es gibt nur bei den wenigsten Unternehmen eine organisierte und systematische Wettbewerbsbeobachtung. Entsprechend selten erhält der aufmerksame Außendienstmitarbeiter eine Rückkoppelung bzw. Zusammenfassung aller Beobachtungsergebnisse, die auch für seine eigene Arbeit wichtig sind. Noch seltener wird er für seine Informationen ein Lob bekommen.

Werden die Wettbewerbsaktivitäten in Form von Ergebnissen sichtbar, ist es für Gegenmaßnahmen häufig schon zu spät. Viel interessanter ist es daher, die Informationsbeschaffung bereits eine Phase früher zu starten, nämlich wenn die Konkurrenz erste Angebote beim Kunden plaziert. Hierfür ist allerdings ein noch höheres Engagement des Vertriebs erforderlich.

Nur das wache Auge eines besonders einsatzfreudigen Verkäufers kann für einen kurzen Moment einen Blick auf die Netto/Netto-Kalkulation im Wettbewerbsangebot werfen, das auf dem Schreibtisch des Einkäufers liegt. Und nur in einigen Fällen, wo es gelungen ist, ein sehr gutes Vertrauensverhältnis zu den Kunden aufzubauen, wird der Verkäufer eine Fotokopie oder so-

1. Schritt: Vertriebsinformationen als Strategiebasis

gar das Original der Wettbewerbsunterlagen erhalten. Da hier persönliche Kontakte, teilweise am Rande der Legalität, eingesetzt werden, kommen wir auch in einen Grenzbereich der offiziellen Verkäuferaufgaben. Trotzdem sollte Marketing als Hauptnutznießer dieser Informationen sicherstellen, daß eine ausreichende Motivation des Vertriebs für solche Aktivitäten vorhanden ist. Mit etwas Kreativität lassen sich auch entsprechende Belohnungen für besondere Leistungen bei der Feindaufklärung finden.

Aber nicht nur aufgrund des mangelnden eigenen Aufgabenverständnisses, fehlender Zielsetzungen und Steuerungsinstrumente in diesem Bereich konzentrieren sich die Außendienstmitarbeiter auf andere Aufgabenstellungen. Auch die häufig fehlende Erfahrung und Kompetenz, die verschiedenen Bestandteile eines Produktkonzepts oder die Marktattraktivität eines Wettbewerbsangebots zu erkennen, sorgen für unerwünschte Lücken in der üblichen Berichterstattung. Die Wettbewerbsbeobachtung sollte deshalb nicht ausschließlich vom Engagement und der persönlichen Einschätzung der einzelnen Vertriebsmitarbeiter abhängen. Gemeinsam mit Marketing sollte sich der Vertrieb auf eine Checkliste einigen (Checkliste 3) und die je nach

Beobachtungspunkte beim Kunden	bekannt?	Maßnahmen
Sortimentsveränderungen, Auslistungen und Einlistungen		
Ausverkäufe, die nur auf ein Produkt bezogen sind		
Ausstellungsflächen oder Kapazitätszuteilungen im Lager ändern sich		
Kunden sprechen Leistungskriterien an, die früher nicht erwähnt wurden		
Unbekannte Produktproben stehen im Büro des Kunden		
Neue Aktenordner von bisher nicht bekannten/etablierten Lieferanten oder Produkten stehen im Regal des Kunden		
Neue Werbegeschenke, Notizblöcke, Stifte von Wettbewerbern sind im Büro des Kunden zu sehen		
Neue Wettbewerbsprodukte sind bereits im Lager		

Checkliste 3: Wettbewerbsbeobachtung durch den Vertrieb

Branche besonders sensiblen Punkte hervorheben. Eine bewährte Vorgehensweise ist es auch, einen »Paten« aus dem Verkauf für jeden Wettbewerber zu bestimmen. Er hat dann die Aufgabe, diesen einen Konkurrenten so intensiv wie möglich zu beobachten und die Erkenntnisse regelmäßig zu reporten. Basis dazu kann die folgende allgemeine Übersicht sein:

> **FOKUS**
>
> 1. **Nur ein Bruchteil der Unternehmen hat die Wettbewerbsbeobachtung systematisiert.**
>
> 2. **Wichtig ist es, Informationen über Konkurrenzaktivitäten möglichst früh zu erhalten, bevor Veränderungen für jedermann erkennbar sind.**
>
> 3. **Lob und Feedback sind die beste Motivation für die Feindaufklärung durch den Verkauf.**

4. Die zur Verfügung stehenden Vertriebskapazitäten

Auch wenn eine Transparenz über die blinden Flecken, d. h. die Umsetzungssituation beim Kunden, vorhanden ist, so müssen letztlich noch die eigenen Vertriebskapazitäten bzw. deren Limitierungen beachtet werden. Erst damit sind alle umsetzungsrelevanten Faktoren, die bereits in die Strategieformulierung und -gestaltung einfließen sollten, berücksichtigt.

Fast jedes Marketinginstrument wirkt nur in Verbindung mit dem Verkauf. Der Verkauf ist in vielen Fällen der wichtigste Träger von Botschaften und Positionierungen. Er muß neue Leistungskriterien erläutern, neue Produkte vorstellen oder neue Zielgruppen ansprechen. All das kostet Verkaufszeit und steht in Konkurrenz zur normalen, routinemäßigen Kundenbearbeitung. Der Spielraum der meisten Vertriebsmannschaften für solche Aktivitäten ist nicht sehr groß. Es sei denn, die grundsätzlichen Arbeitsraster werden geändert und/oder eine umfassende Reorganisation durchgeführt. Nach unseren Erfahrungen werden meist ca. 80% der Verkaufszeit durch Routinetätigkeiten beansprucht. (vgl. Abb. 23)

1. Schritt: Vertriebsinformationen als Strategiebasis

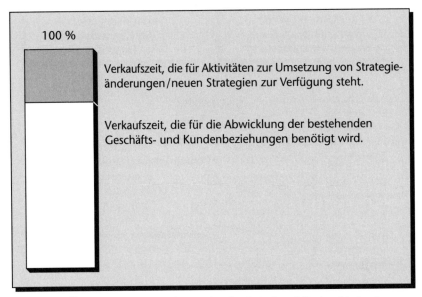

Abb. 23: Übliche Aufteilung der Verkaufszeit bei etablierten Verkaufsmannschaften

Es ist aber nicht nur die quantitative Kapazität, die für eine Strategieimplementierung wichtig ist. Viele Strategien setzen auch eine höhere Qualität der Verkaufsarbeit voraus.

Während früher oft die körperliche Anwesenheit der Verkäufer oder die schlichte Produktvorstellung ausreichte, müssen heute anspruchsvolle Bedarfsanalysen mit einer anschließenden, maßgeschneiderten Argumentation eingesetzt werden. Anders sind die Positionierungen, die für den Erfolg einer Strategie verantwortlich sind, nicht zu vermitteln. Damit aber nicht genug, auch die Arbeitsrichtung des Verkaufs muß sich häufig ändern. Völlig neue Kundengruppen oder andere Abteilungen bei bestehenden Kunden müssen berücksichtigt werden (vgl. Abb. 24). Jede Strategie greift somit mehr oder weniger stark in das Aktivitätsmanagement des Vertriebs ein.

Die Ressourcen der Verkaufsmannschaft spielen daher bereits bei der Formulierung der Marketingstrategie eine besondere Rolle (Checkliste 4).

Die fünf Schritte zur Strategieumsetzung im Vertrieb

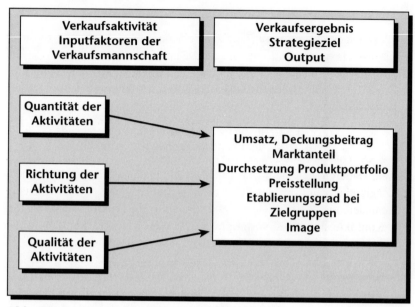

Abb. 24: Zusammenhang zwischen Verkaufsaktivitäten und -ergebnissen

	bekannt?	Maßnahmen
Welche Aktivitätsgruppe (Quantität, Richtung, Qualität) wird wie stark für die Umsetzung der geplanten Strategieänderung berührt?		
Welche Kontaktkapazitäten sind für zusätzliche Maßnahmen bei bestehenden Ansprechpartnern verfügbar?		
Wie ist der Qualifikationsstand des Vertriebs?		
In welchem qualitativen Ausmaß kann er die Strategien umsetzen? Wie entwicklungsfähig ist er gegebenenfalls?		
Wie ist der Etablierungsgrad des Vertriebs bei verschiedenen Kundengruppen und Entscheiderebenen?		
Wie schnell können neue Kontakte aufgebaut werden?		
Und welche Kapazitäten werden dafür benötigt?		

Checkliste 4: Die Ressourcen einer Vertriebsmannschaft

1. Schritt: Vertriebsinformationen als Strategiebasis

Fast jede Strategie wird so letztlich durch die Vertriebskapazitäten limitiert. Leider trennen nur die wenigsten Vertriebsmannschaften explizit zwischen Kapazitätseinsatz zur Absicherung und Kapazitätseinsatz zur Ausweitung des Geschäftsvolumens. Diese Trennung ist auch nicht einfach, denn bei einem Kundenkontakt können durchaus beide Ziele verfolgt werden. Lediglich der Aufwand für die Kontakte zu noch nicht kaufenden Kunden, zu den sogenannten Interessenten, läßt sich eindeutig dem Ziel der Geschäftsausweitung zuordnen. Praktisch werden diese Zahlen, trotz aller Diskussionen um **CAS (computer aided selling)**, in den meisten Unternehmen nicht erhoben. Dadurch weiß häufig weder Marketing noch Vertrieb, ob eine neue Strategie überhaupt mit den zur Verfügung stehenden Kontaktkapazitäten zu realisieren ist. Es fehlt eine **vertriebstechnische Produktionsfunktion**. Die Konflikte sind damit vorprogrammiert. Kaum ein Produktmanager hat eine Vorstellung davon, was ein bestimmtes Marktergebnis an Input auf der Seite der Verkaufsaktivitäten erfordert. Wie auch bei den meisten anderen Maßnahmen zu einer vertriebs- bzw. umsetzungsorientierteren Formulierung der Strategie müssen in vielen Fällen erst noch von beiden Seiten, von Vertrieb und Marketing, die Hausaufgaben erledigt werden.

Der Etablierungsgrad, die Penetration einer bestimmten Kunden- oder Entscheidergruppe, wird ebenfalls oft nicht berücksichtigt oder falsch eingeschätzt. Ein Beispiel aus der jüngsten Zeit war die Einführung von Zahnpflege-Kaugummis durch einen Hersteller von Dentalprodukten.

Traditionell wird das Kaugummigeschäft im Süßwarenbereich gemacht, d. h. in der heiß umkämpften Kassenzone der Supermärkte und von Kiosken. Die Verkäufer des betreffenden Unternehmens der Dentalbranche hatten vor der Einführung natürlich nur Kontakte zu den Einkäufern der Drogerieabteilungen und nicht zu den Ansprechpartnern, die für Süßwaren zuständig sind.

Es hatten aber weder Vertrieb noch Marketing in ihrer Einführungsstrategie ausreichend berücksichtigt, daß für das neue Produkt auch völlig neue Kundenbeziehungen aufgebaut werden müssen. Erschwerend kam hinzu, daß für diese Produktgruppe andere Gesetzmäßigkeiten und Argumentationen als für den Dentalbereich galten.

Dieses Beispiel beschreibt ein generelles Problem. Zahlreiche Neuprodukteinführungen scheitern an solchen Fehleinschätzungen und nicht am grundsätzlich falschen Produktkonzept. Andererseits liegt in dieser Kompetenz für die Vermarktung einer bestimmten Produktgruppe oder für die Ansprache einer definierten Zielgruppe auch eines der Geheimnisse erfolgreicher Über-

Die fünf Schritte zur Strategieumsetzung im Vertrieb

nahmen von kleineren Firmen durch größere. Die Beispiele reichen von Nestlé bis zu Dynamit Nobel. Obwohl die übernommenen Produkte praktisch nicht verändert wurden und die neue Vertriebsmannschaft sogar weniger Zeit für das einzelne Produkt als die alte aufwenden konnte, wurden beträchtliche Umsatzsteigerungen erzielt. Allein die größere Kompetenz für den Markt und die bessere Etablierung bei den Entscheidern sorgten für den Erfolg.

Oft übersehen wird ein weiterer Faktor, der den Umfang der notwendigen Vertriebsaktivitäten beeinflußt. Es sind die Erfolgsquoten, die das Aufwand-Ertrags-Verhältnis, die Relation zwischen den bereits beschriebenen Aktivitätsinput und dem Output, den Vertriebsergebnissen, beschreiben. Daß dabei nicht jede Aktivität zum Erfolg führt, ist eine Art Naturgesetz des Vertriebs. Ausdrücken lassen sich diese Relationen in Form von Vertriebskennziffern für typische Geschäftsvorgänge (Checkliste 5).

Kennziffer	bekannt?	Maßnahmen
Umsatz pro Kunde/Kundengruppe alt/neu		
Umsatz pro Produkt/Produktgruppe		
Etablierungsgrad bei Kunden/Kundengruppen		
Umsatz pro Auftrag/Produktgruppe		
Umsatz pro Kundenbesuch/Produktgruppe		
Anzahl der Besuche pro Auftrag/Produktgruppe		
Anzahl der Besuche bei bestehenden Kunden/Kundengruppen		
Anzahl der Besuche bei Neukunden		
Anzahl der insgesamt kontaktierten Neukunden		
Anzahl der erfolgreich kontaktierten Neukunden		
Aufwand zur Identifizierung potentieller Neukunden		
Anzahl/Erfolgsgrad verschiedener Verkaufsförderungsmaßnahmen pro Kunde/Kundengruppe/Produkt		

Checkliste 5: Auswahl von Vertriebskennziffern zur Bestimmung des Aktivitätsaufwands des Vertriebs bei Strategieänderungen

1. Schritt: Vertriebsinformationen als Strategiebasis

Erst mit der Berücksichtigung dieser Kennziffern oder den entsprechenden Kennziffern-Kombinationen läßt sich das Aktivitätsvolumen, das für die Erreichung der einzelnen Teilziele einer bestimmten Strategie nötig ist, einschätzen (vgl. Abb. 25). Nur so ist ein Vergleich mit der verfügbaren Vertriebskapazität möglich, und die kritischen Punkte werden sichtbar.

Zahlreiche gute Strategien sind nicht an ihrer grundsätzlichen Marktakzeptanz, sondern aufgrund der fehlenden Justierung auf Vertriebskapazitäten gescheitert.

Strategieelement: Umsatz-/Deckungsbeitragsverbesserung durch neue Kunden	
Vertriebskennziffer/bzw. -kombinationen	Nutzen für eine umsetzungsorientierte Gestaltung der Strategie
Durchschnittlicher Umsatz/Deckungsbeitrag pro Kunde in der jeweiligen Produktgruppe	• Ermöglicht die Bestimmung der nötigen Anzahl Neukunden zur Strategieumsetzung.
Durchschnittlicher Umsatz mit Neukunden im ersten Jahr	• Falls die Zahl der Neukunden in der Strategie unrealistisch hoch ist, mit welchen Maßnahmen können die Kundenumsätze im ersten Jahr ggf. erhöht werden?
Erfolgsquote bei der Ansprache von Neukunden	• Wieviel Kunden müssen insgesamt angesprochen werden, damit das Strategieziel erreichbar ist? • Gibt es genug potentielle Kunden dafür? • Wann müssen sie angesprochen werden? • Falls es nicht genug Kunden gibt, mit welchen Maßnahmen kann die Erfolgsquote verbessert werden?
Anzahl Kontakte bei potentiellen Kunden bis zum Erstauftrag	• Gibt die endgültige Kapazitätsbeanspruchung der Vertriebsmannschaft in Form von Besuchen/Kontakten an.
Bisherige Aufteilung der Gesamtkontakte auf bestehende und potentielle Kunden	• Vorhandene Vertriebskapazitäten zur Ansprache neuer Kunden. • Kann der Vertrieb diese Kapazitäten bereitstellen? • Definition von Maßnahmen zur Reduzierung des Kontakts bei bestehenden Kunden. • Mit welchen unterstützenden Maßnahmen kann die Kontaktanzahl gesenkt werden?

Abb. 25: Beispiel zur Überprüfung der Umsetzungsfähigkeit einer Strategie anhand von Vertriebskennziffern

Ähnliche Modelle lassen sich auch für andere Strategieelemente erstellen. Nur über diesen Weg läßt sich häufig die Umsetzungswahrscheinlichkeit einer Strategie im Vertrieb vorab einschätzen.

> **FOKUS**
>
> 1. **Fast jede Strategie wird durch die zur Verfügung stehenden Vertriebskapazitäten limitiert.**
>
> 2. **Für eine realistische Einschätzung des Kapazitäts- bzw. Umsetzungsaufwands müssen bestimmte Vertriebskennziffern und Erfolgsquoten bekannt sein.**
>
> 3. **Häufig hat der Vertrieb diese Daten selbst nicht vorliegen, sondern muß sie erst noch ermitteln.**

5. Die Gestaltung des Informationsflusses vom Vertrieb an Marketing

Alle bisher erwähnten Regeln und Vorgehensweisen für eine bessere, umsetzungsorientiertere Strategieerstellung beruhten auf zwei Prinzipien. Die strategieverantwortliche Abteilung, in der Regel Marketing, muß zum einen alle Einflußfaktoren berücksichtigen und nicht nur die, die direkt sichtbar sind oder sich auf die Produktleistung beziehen. Das sind bestimmte Teilinformationen über die verschiedenen Kundenebenen und die Vertriebskapazitäten. Zum anderen muß sichergestellt sein, daß die Informationen darüber auch tatsächlich ermittelt werden und beim Marketing ankommen. Da das leider nicht automatisch der Fall ist, gehen wir bereits an dieser Stelle auf das Thema der Kommunikation, der Handhabung des Informationsaustauschs und der -verarbeitung zwischen Marketing und Vertrieb ein.

Jeder, der sich näher mit dem Thema Kommunikation beschäftigt hat, kennt die Fallstricke, an denen ein Informationsprozeß scheitern kann. Der vielleicht gravierendste Fallstrick heißt einseitige Informationsaufnahme oder selektive Wahrnehmung. Alle Informationen, die ein Mensch als nicht wichtig ansieht, werden tendenziell ausgefiltert, d. h. sie werden nicht oder nicht vollständig aufgenommen. Bestimmte Tatsachen, Fakten, Ereignisse,

1. Schritt: Vertriebsinformationen als Strategiebasis

die einen Verkäufer nicht interessieren, wird er auch nicht bemerken, obwohl sie eigentlich unübersehbar sind. Natürlich werden in solchen Fällen erst recht keine Informationen bewußt gesucht. Soll die Informationsfunktion besser werden, muß der Vertrieb zunächst die Informationen, die für eine umsetzungsoptimale Ausgestaltung der Strategie nötig sind, kennen und als wichtig ansehen.

Dafür muß der Verkauf in der Praxis in vielen Fällen sein Selbstverständnis und seine Aufgabenschwerpunkte ändern. Noch viel zu häufig hört man Äußerungen wie: »*Darum soll sich Marketing kümmern.*« Das Grundproblem liegt in aller Regel nicht im fehlenden guten Willen von allen Beteiligten. Es sind die unterschiedlichen Blickwinkel und Arbeitsansätze von Produktmarketing und Verkauf, die Fixierung auf das Produkt auf der einen und die Fixierung auf den generellen Kundenumsatz und persönliche Kontakte auf der anderen Seite. Die Folge: Die einen wissen oftmals nicht, welche Aspekte bei den Kunden oder Absatzmittlern wie entscheidend sind und die anderen können das, was sie tagtäglich bei ihren Kunden erleben, häufig nicht strukturieren und konzeptionell umsetzen.

Es muß daher definiert werden, welche Informationen Marketing vom Verkauf im einzelnen über die Absatzmittler und Verwender benötigt, um Strategien umsetzungsfähig gestalten zu können. Dies kann nur durch gemeinsame Diskussionen, in denen auch der Nutzen für den Verkauf, nämlich eine wirklich implementierungsfähige Strategie, herausgearbeitet wird. Einseitige »Arbeitsanweisungen« werden nur das Frustrationspotential erhöhen.

Je mehr der Vertrieb z. B. durch regelmäßige Feedback-Besprechungen spürt, daß seine Informationen wichtig sind, desto engagierter wird er sich für die Informationsbeschaffung einsetzen.

Nachdem ich einem Verkäufer für einen besonders guten Bericht über die Wettbewerbsaktivitäten ein kleines Präsent mit einem persönlichen Dankschreiben geschickt hatte, wurden wir von allen Verkäufern mit Berichten überschüttet. Niemand hatte dabei aber auf das Geschenk spekuliert. Alle Kollegen spürten nur auf einmal, daß diese Informationen für das gemeinsame Ziel, die Anpassung unserer Strategie, wichtig war.

Ein weiteres nicht zu unterschätzendes Hindernis für die Informationsbeschaffung durch den Vertrieb ist die Tatsache, daß für einige Informationen neue Kontakte gesucht werden müssen. Um z. B. etwas über die Absatzmärkte der Kunden zu erfahren, muß man mit deren Verkäufern reden. Die üblichen Ansprechpartner im Einkauf oder in der Produktion haben zu diesem Thema mehr oder weniger große Distanzen. Die meisten Verkäufer lieben es paradoxerweise

Die fünf Schritte zur Strategieumsetzung im Vertrieb

nicht so sehr, neue Kontakte aufzubauen. Die Gefahr von Mißerfolgserlebnissen ist dabei nämlich groß, und es erfordert mehr persönlichen Einsatz als die Betreuung der altbekannten Ansprechpartner. In aller Regel haben wir es in den Verkaufsmannschaften mehr mit Hegern als mit Jägern zu tun.

Es ist aber nicht nur der Vertrieb, der zunächst für eine differenziertere Informationsaufnahme sensibilisiert werden muß. Auch Marketing muß erkennen, daß in vielen Fällen weitaus mehr Einflußfaktoren berücksichtigt werden müssen als bisher. Es gibt durchaus Beispiele, in denen Informationen vom Marketing nicht berücksichtigt wurden, obwohl sie vorlagen.

Die enormen strukturellen und mentalen Unterschiede zwischen beiden Abteilungen machen einen unbelasteten Umgang miteinander schwierig, sorgen für eine große Distanz und führen zu unerwünschtem Konkurrenzdenken (vgl. Abb. 26).

Alt gegen jung	Das Durchschnittsalter spricht oft Bände. Es liegen meistens fast 2 Generationen zwischen beiden Abteilungen. Wertvorstellungen und Sprache sind unterschiedlich.
Erfahrung gegen Dynamik	Die durchschnittliche Firmenzugehörigkeit im Verkauf liegt bei über 10 Jahren, die im Marketing bei 2 bis 3 Jahren. Marketingpositionen sind oft nur ein Karrieresprungbrett, Verkäufer haben deutlich weniger Karriereperspektiven.
Kontaktstärke und persönliches Auftreten gegen Konzeption und Analytik	Die jeweiligen Arbeitsgrundlagen unterscheiden sich erheblich.
Praxis gegen Bildung	Die meisten Verkäufer sind über Umwege in den Verkauf gekommen und haben bodenständige Berufsausbildungen. Die Produktmanager haben fast ausnahmslos eine Hochschulausbildung und kaum praktische Erfahrungen in anderen Berufen.
Umsatzverantwortung gegen Budgethoheit	Die einen müssen vor Ort den Kopf hinhalten, die anderen bestimmen über die Wahl der Waffen.
Draußen gegen drinnen	Auch die räumliche Entfernung distanziert. Viele kennen sich persönlich kaum.

Abb. 26: Barrieren zwischen Vertrieb und Marketing

1. Schritt: Vertriebsinformationen als Strategiebasis

Ein falsch verstandener übergeordneter Führungsanspruch des Marketing, der alle anderen Abteilungen zumindest indirekt zu Erfüllungsgehilfen mit Instrumentalcharakter abstempelt, spiegelt sich leider immer noch im Verhalten vieler Marketingmitarbeiter wider. Kaum jemand sucht Rat und Informationen vom Verkauf, hat aber dafür jede Menge Verbesserungsvorschläge und Kritikpunkte.

Umgekehrt sieht es aber auch nicht besser aus. Marktbearbeitung wird vom Vertrieb viel zu oft auf Preiszugeständnisse und gemeinsame Arbeitsessen reduziert, Wettbewerbsaktivitäten werden als Entschuldigung für fehlenden Umsatz mißbraucht.

Wer für andere Themen nicht offen ist, sich nicht für Stärken- und Schwächenprofile interessiert, muß sich nicht wundern, wenn er nicht ernstgenommen wird. Nur in gemeinsamen Projektsitzungen wird es möglich sein, Respekt für die jeweils andere Seite aufzubauen. Es muß dabei herausgearbeitet werden, daß Markterfolge nicht allein von einer Abteilung abhängen, sondern von der Verzahnung zwischen Planungs- und Umsetzungskompetenz.

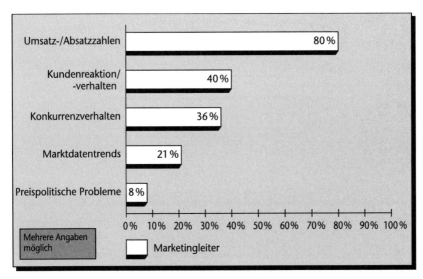

Abb. 27: Welche Informationen erhalten Sie regelmäßig vom Vertrieb?
Quelle: Mercuri-Befragung von 180 Vertriebs- und Marketingleitern

Es ist allerdings nicht nur das persönliche Verhältnis und der Informationsfluß im Einzelfall, der stimmen muß. Viele Aspekte, wie die Vertriebskennziffern und Entscheidungsraster, müssen kontinuierlich erhoben werden und sind auch – unabhängig von einer aktuellen Strategiediskussion – ein wertvoller Input für die Marketingarbeit.

Viel zu oft wird noch nach der Devise verfahren »*die sollen sich melden, wenn sie etwas Interessantes bemerken*«. Auch das bestätigen die Ergebnisse unserer Studie. Ein Fragenkomplex bezog sich explizit auf die regelmäßigen Informationen vom Vertrieb an Marketing. Ziel war es, festzustellen, inwieweit der Informationsfluß systematisch erfolgt. Das Ergebnis bestätigt die Befürchtungen (vgl. Abb. 27).

Dabei verfügt praktisch jedes Unternehmen über ein Außendienst-Berichtswesen. Nur für viele Marketingabteilungen hat es wahrscheinlich lediglich die Funktion einer erweiterten Spesenabrechnung. Sie kümmern sich in den meisten Fällen nicht um dieses Instrument, melden keinen kontinuierlichen Informationsbedarf an oder wissen nicht, wie sie es nutzen können (vgl. Abb. 28). Anders ist nicht zu erklären, daß 62% der Marketingabteilungen keinen Einfluß auf das Berichtswesen des Vertriebs nehmen.

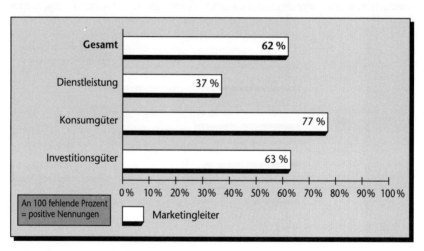

Abb. 28: Einfluß des Marketing auf das Berichtswesen (aus Sicht der Marketingleiter)

Quelle: Mercuri-Befragung von 180 Vertriebs- und Marketingleitern

Im Desinteresse der Konsumgüter-Marketingleiter spiegelt sich die bereits erwähnte gute Marktforschungssituation bei Endverbrauchern und Absatzmittlern (zumindest aus Marketingsicht) wider.

Allerdings haben die meisten Berichtssysteme für den Vertrieb mehr eine Kontrollfunktion und werden weniger als Informationsinstrument gesehen.

1. Schritt: Vertriebsinformationen als Strategiebasis

Welche Aktivität wurde durchgeführt?	Bei welchen Kunden?	Gesprächs-partner/ Funktion	Für welches Ziel? (Produkt... Service)	Dauer	Ergebnis	Erfolgs-argumente	Widerstände
z. B.							
• Datenanalyse							
• Kontakt/Besuch bei bestehenden Kunden							
• Kontakt/Besuch bei Beeinflussern							
• Kontakt/Besuch bei Interessenten							
• Administration							

Abb. 29: Grobraster für ein Berichtssystem mit aussagefähigen Vertriebsinformationen, die zu Kennziffern verdichtet werden können

In meiner eigenen Außendienstzeit habe ich nie eine Reaktion der Zentrale auf meine Berichte erhalten. Als ich selbst Mitarbeiter der Zentrale war, wurde mein Verdacht bestätigt. Unmengen von Berichten verstaubten unausgewertet in der Ablage. Als ich, wohlwissend um das mögliche Informationspotential, versuchte, den Status der Aktivitätsdurchführung bei einer

Neuprodukteinführung aus den Berichten zu ermitteln, löste ich im Außendienst erhebliche Unruhe aus. Kaum ein Verkäufer hatte die Berichte korrekt ausgefüllt und es wären beinahe gravierende Fehlentscheidungen getroffen worden, nur weil qualifizierte Meldungen aus dem Verkauf fehlten.

Ein positives Beispiel aus der Industrie ist dagegen Hewlett Packard. Mit gesonderten Fragebögen reportet der Verkauf regelmäßig Kundenreaktionen. Sie fließen direkt in die strategische Planung ein.

Das Informationsvolumen, das ein Berichtssystem enthalten sollte, ist dabei nicht übermäßig umfangreich (vgl. Abb. 29 s. S. 69).

Um die Praxisanwendung eines solchen Berichtssystems zu vereinfachen, können für viele Einzelinformationen Schlüsselkennziffern vergeben werden. Auch die Auswertung dürfte mit den heutigen Möglichkeiten der elektronischen Datenverarbeitung kein Problem sein. Die »Produktionsfunktion« des Vertriebs kann so zumindest näherungsweise bestimmt werden.

Marketing hat aber häufig nicht nur wenig Interesse an Marktinformationen durch den Vertrieb, auch die direkten Kundenkontakte lassen, so ist zumindest unsere Praxiserfahrung, sehr zu wünschen übrig. Die offiziellen Untersuchungsergebnisse dazu sind widersprüchlich. Grundsätzlich war bei allen Fragen die besondere Sensibilität des Themas der Zusammenarbeit zwischen Marketing und Vertrieb spürbar. In einem Punkt konzentrierten sich jedoch alle Probleme. Es war die Frage nach den Außenkontakten des Marketing, die Teilnahme von Marketingmitarbeitern bei Kundenbesuchen.

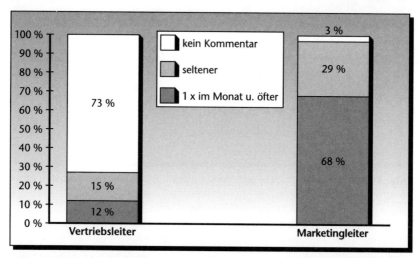

Abb. 30: Wie häufig haben Marketingmitarbeiter an Kundenbesuchen teilgenommen?

1. Schritt: Vertriebsinformationen als Strategiebasis

Es bleibt dem Leser überlassen, wie er diese Aussagen interpretiert.

Aber es gibt auch Unternehmen, die das Thema Praxisnähe des Marketing offensiv angehen. Bei 3M muß zum Beispiel jeder Produktmanager einen eigenen Kunden betreuen und erfährt so hautnah alle Praxisprobleme. Der McDonald's Vorstand übernimmt für einen Tag eine Filiale und die ARAL-Führungskräfte arbeiten an einer Tankstelle. Maßnahmen, die wahrscheinlich vielen Vertriebsmannschaften aus der Seele sprechen.

FOKUS

1. **Marketing und Vertrieb müssen die vielschichtigen Informationsanforderungen für eine Strategieformulierung kennen, verstehen und akzeptieren.**

2. **Die zahlreichen Akzeptanz- und Kompetenzbarrieren müssen für ein besseres gegenseitigen Verständnis bewußt gemacht, diskutiert und überwunden werden.**

3. **Nur durch ein qualifiziertes Berichts- und Informationssystem kann die nötige Transparenz sukzessive aufgebaut werden.**

Die fünf Schritte zur Strategieumsetzung im Vertrieb

> **III. 2. Schritt: Die vertriebsorientierte Formulierung der Strategie oder welche Strategieelemente sollen durch den Vertrieb umgesetzt werden?**

1. Umfang und Inhalt von Strategieinformationen für den Vertrieb

 Auch hier werden schnell die enormen Potentiale deutlich, die in einer besseren Zusammenarbeit zwischen Marketing und Vertrieb stecken. Nur die Hälfte aller Vertriebsmannschaften wird über Marketingziele bzw. die Produkt- und Preispolitik informiert (vgl. Abb. 31). Kein Wunder, daß Strategien im Markt mehr humpeln als laufen und Unsummen in Werbemaßnahmen und Rabatte investiert werden müssen.

	Total	Dienstleistung	Konsumgüterindustrie	Investitionsgüterindustrie
Informationen über Werbemaßnahmen	58 %	73 %	63 %	37 %
Marktforschungsdaten	53 %	50 %	43 %	67 %
Informationen über Produkt-/Preispolitik, Marketingziele	48 %	37 %	70 %	37 %
Umsatz-/Absatzanalysen	44 %	40 %	27 %	67 %
Informationen über Konkurrenzverhalten	22 %	20 %	30 %	17 %
Marktinformationen zur Akquisition	2 %	7 %	–	–

Abb. 31: Welche Informationen erhalten Sie von der Marketingabteilung?
Quelle: Mercuri-Befragung von 180 Vertriebs- und Marketingleitern

In der Konsumgüterindustrie erhält der Vertrieb zumindest in 2/3 der Fälle ausreichende Informationen über die Strategien. In den anderen Branchen sieht die Lage erheblich trostloser aus.

2. Schritt: Die vertriebsorientierte Formulierung der Strategie

Aber auch hier findet sich das gleiche Phänomen wie bei dem Umfang der Vertriebsinformationen für Marketing. Die meisten der jeweils Betroffenen vermissen nichts. In diesem Fall waren immerhin 89% der Vertriebsleiter mit dem Informationsvolumen durchaus zufrieden. Dies ist ein weiterer deutlicher Hinweis für ein falsch verstandenes Selbständigkeitsbedürfnis des Vertriebs. Alle Arten von Vorgaben werden von vielen Vertriebsmannschaften als unzulässigen Eingriff in die eigene Gestaltungshoheit angesehen. Selbst Vertriebsleiter denken da nicht anders als ihre Mitarbeiter. Hinter diesem Desinteresse steckt häufig aber noch ein zweites Problem: Die unzureichende analytische und planerische Qualifikation der Verkaufspraktiker. Bei den »theoretisch« oftmals besser ausgebildeten Key-Account-Managern besteht dieses Problem normalerweise nicht.

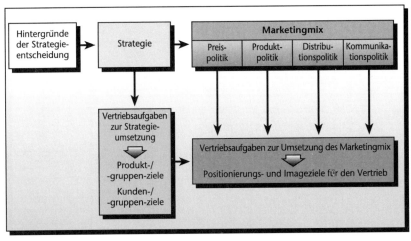

Abb. 32: Strategieinformationen und Vertriebsaufgaben: die entscheidende Schnittstelle

Wenn der Vertrieb die Strategie umsetzen soll, muß er sie zunächst kennen und akzeptieren. Dazu gehören auch Informationen über die Hintergründe und Annahmen, die zur Auswahl einer bestimmten Strategie führten. Bei der Strategie selbst können 15 grundlegende Alternativen (vgl. Abb. 33, s. S. 74), die auch noch untereinander kombiniert werden können, unterschieden werden. **Aber egal, um welche Strategie es sich handelt, sie kann in Verbindung mit den Marketing- und Unternehmenszielen letztlich immer durch drei grundsätzliche Vertriebsaufgaben bzw. Kategorien von Vertriebszielen beschrieben werden** (vgl. Abb. 32):

Die fünf Schritte zur Strategieumsetzung im Vertrieb

Strategieebenen	Strategiealternativen			
Marktfeld-strategien	Marktdurch-dringungs-strategie	Marktent-wicklungs-strategie	Produkt-entwicklungs-strategie	Diversifikations-strategie
Marktstimulie-rungsstrategien	Präferenzstrategie		Preis-Mengen-Strategie	
Marktparzellie-rungsstrategien	Massenmarktstrategie		Segmentierungsstrategie	
Marktareal-strategien	Lokale Strategie / Regionale Strategie / Überregionale Strategie / Nationale Strategie		Multinationale Strategie / Internationale Strategie / Weltmarkt Strategie	

Abb. 33: Grundlegende Strategieebenen und -alternativen
Quelle: Becker, Marketing-Konzeption

2. Schritt: Die vertriebsorientierte Formulierung der Strategie

1. Durch Zielgrößen (Umsatz) für Produkte oder Produktgruppen
2. Durch Zielgrößen (Umsatz) für Kunden oder Kundengruppen
3. Durch Zielsetzungen für die Positionierung (Preisstellung/ Image/ Herausstellung bestimmter Leistungskriterien)

Zum besseren Verständnis hier zwei einfache Beispiele für die Ableitung von Vertriebsaufgaben aus einer Strategie:

1. Beispiel: Differenzierte Marktdurchdringungsstrategie
   Ein Produkt, nennen wir es einfach Produkt 1, soll durch die Konzentration auf das Marktsegment B (hier gibt es noch die größten Potentiale) einen Gesamtumsatz von 800 erreichen. Wettbewerbsvorteil ist die Zuverlässigkeit und Betriebssicherheit

Die entsprechenden Vertriebsaufgaben könnten dann so aussehen:
- Mit dem Produkt 1 soll ein Umsatz von insgesamt 800 erzielt werden.
- Davon mit der bestehenden Kundengruppe A ein Umsatz von 200, bei der bestehenden Kundengruppe B ein Umsatz von 500 und mit der neuen Kundengruppe C 100.
- Dabei soll bei der Kundengruppe B insbesondere die geringere Störanfälligkeit herausgestellt werden.

2. Beispiel: Produktentwicklungsstrategie
   Mit dem neuen Produkt 3 soll ein Gesamtumsatz von 400 erreicht werden, wobei das Marktsegment B wiederum besonders forciert werden soll. Wettbewerbsvorteil ist die aus der Produktqualität resultierende lange Lebensdauer (Qualitätsführerschaft).

Die möglichen Vertriebsaufgaben sind:
- Mit dem neuen Produkt 3 soll insgesamt ein Umsatz von 400 erzielt werden.
- Davon mit der Kundengruppe A ein Umsatz von 100 und mit der Kundengruppe B ein Umsatz von 300.
- Dabei soll besonders die 3-Jahresgarantie betont werden.

Damit es keine Mißverständnisse zwischen Vertrieb und Marketing gibt, sollte jede Strategie in eine Produkt-/Kundenmatrix übersetzt werden, die eindeutige und meßbare Zielsetzungen für den Vertrieb beinhaltet (vgl. Abb. 34).

Die geplanten Umsatzwerte in den einzelnen Feldern sind durch die Marketinganalysen über Potentiale, Wettbewerbsstellungen, Stärken und Schwächen etc. entstanden. Wurde der Vertrieb dabei richtig berücksichtigt, so sind auch seine Informationen über den Markt und die Vertriebskapazitäten eingeflossen. Zum besseren Verständnis können die Umsatzwerte in der Matrix noch durch Vorjahreswerte bzw. durch die prozentuale Veränderung

75

zum Vorjahr ergänzt werden. Die strategische Ausrichtung ist dann noch deutlicher zu erkennen.

		Produkt (-gruppen)			
		1	2	3 (neu)	Summe
Kunden (-gruppen)	A	200	300	100	600
	B	500	300	300	1100
	C (neu)	100	0	0	100
	Summe	800	600	400	1800

Abb. 34: Produkt-/Kundenmatrix zur Strategieumsetzung durch den Vertrieb

Diese Darstellung der Vertriebsaufgaben deckt bereits einen großen Teil der möglichen Strategieausrichtung ab. Es fehlen nur noch die Positionierungsziele, die z. B. die Preisstellung, die zu betonenden Leistungsbereiche oder das angestrebte Image beschreiben. Die genauen Ausprägungen dieser Zielsetzungen spiegeln sich hauptsächlich in den klassischen Marketinginstrumenten wider. Welche Aufgaben dabei auf den Vertrieb entfallen, werden wir in den nächsten Kapiteln behandeln.

Aber unabhängig von der Marschrichtung für die sich Marketing entschieden hat, muß der Vertrieb spüren, daß seine Informationen in die Analysen und Planungen eingeflossen sind. Erst dann wird er die daraus resultierenden Richtlinien und Zielsetzungen für seine Arbeit gelten lassen.

Da die Realisierung der meisten Strategien eine wie auch immer geartete Verhaltensänderung der Vertriebsmitarbeiter voraussetzt, müssen die Strategieinformationen auch die Widerstände gegen solche Veränderungen abbauen. Es handelt sich dabei hauptsächlich um Ängste vor Mißerfolg und Zurückweisung. Deshalb muß zunächst durch Szenarien deutlich dargestellt werden, daß eine Fortsetzung der bisherigen Arbeitsweisen noch mehr Risiken und Mißerfolgspotentiale mit sich bringt als ein anderes Verkaufsverhalten. Der amerikanische Flugzeughersteller Boeing dreht sogar extra einen fiktiven Spielfilm über Massenentlassungen und den drohenden Konkurs des Unternehmens, um bei den Mitarbeitern eine Veränderungsbereitschaft zu erzeugen. Ein weiteres deutliches Beispiel: Bei Mercedes-Benz mußten alle führenden Manager eine Kündigung an die »alte« Firma schreiben und sich dann anschließend bei der »neuen« Firma bewerben. Auf diese Weise wurde das Gewohnte wirklich losgelassen. Natürlich müssen im nächsten Schritt auch die Erfolgspotentiale der neuen Strategie vermittelt werden.

2. Schritt: Die vertriebsorientierte Formulierung der Strategie

Schließlich sollte eine Strategie so formuliert sein, daß es noch ausreichend Freiräume für die Gestaltung der Vertriebsaufgaben gibt. Bei der Strategiedarstellung gegenüber dem Vertrieb sollen nur Steuerungsimpulse gesetzt werden. Die genauen Aufgaben, die zur Umsetzung der Strategie durchgeführt werden sollen, kann Marketing dagegen nicht einfach vorgeben. Sie sollten mit dem Vertrieb gemeinsam entwickelt und abgestimmt werden (vgl. Abb. 35).

Ziel	Vorgehensweise	Strategieinformation vom Marketing	Konfliktpotentiale und Umsetzungshindernisse
• Akzeptanz der Notwendigkeit neuer Strategien • Sensibilisierung für Veränderungen	• Information durch Marketing	• Hintergründe, Analysen, Problemstellungen, übergeordnete Unternehmensziele, die Grundlage für die Strategieentscheidung sind	• fehlender Bezug zu den Vertriebsinformationen • wichtige Prämissen und Grundlagen werden den Verkäufern nicht vermittelt • Grundlagen/Prämissen entsprechen nicht den Praxiserfahrungen der Verkäufer
• Akzeptanz der konkreten Strategieentscheidung • Motivation und Mobilisierung für neue Aufgaben		• Darstellung der Auswirkungen der Strategie (Zukunftsszenarien) • Erklärungen und Begründungen für die Erfolgsaussichten	• fehlende Berücksichtigung der Auswirkungen auf die Vertriebskapazitäten • fehlende positive Auswirkungen für den Vertrieb (z. B. Erfolgserlebnisse, leichteres Arbeiten, höheres Einkommen)
• Bildung von Vertriebszielen für Produkte		• Konsequenzen für einzelne Produkte/-gruppen und daraus resultierende Zielrichtungen	• zu detaillierte und/oder zu pauschale Verteilung der Zielwerte auf einzelne Produkte oder Produkttypen, ohne daß ein strategischer Hintergrund besteht
• Bildung von Vertriebszielen für Kunden	• gemeinsame Diskussion von Marketing und Vertrieb	• Konsequenzen für einzelne Kunden/-gruppen und daraus resultierende Zielrichtungen	• Schlüsselung auf einzelne Kundengruppen/ Einzelkunden ohne strategischen Hintergrund
• Bildung von Vertriebszielen in Form von Servicekennziffern, Zufriedenheitsgraden, Informations- und Kontaktzielen, Verhaltenszielen		• USP's • Positionierungen • Images	• Wunschdenken, vom Kunden nicht nachvollziehbare Differenzierungen zu Wettbewerbern • fehlende Berücksichtigung der Vertriebskapazitäten • fehlende Hilfsmittel und Unterstützungen

Abb. 35: Die Vermittlung der Strategie zur Ableitung der Vertriebsaufgaben

Die fünf Schritte zur Strategieumsetzung im Vertrieb

Die anschließende Formulierung der Zielsetzungen für die einzelnen Vertriebsmitarbeiter ist sogar ausschließlich die Aufgabe der Vertriebsführungskräfte. Probleme mit der Kompetenzabgrenzung der beiden Abteilungen sind sonst vorprogrammiert. Ich persönlich habe mehrfach Strategiepräsentationen erlebt, in denen Marketingmanager detaillierte Arbeitsanweisungen gaben, Kundenlisten mit selbstdefinierten Zielvorgaben vorlegten und Verbesserungsvorschläge für die Vertriebsarbeit machten. Die Verkäufer fühlten sich natürlich angegriffen, sahen ihre alten Vorurteile bestätigt und bewiesen in der Folgezeit, daß die gesamte Strategie völlig praxisfremd war.

FOKUS

1. **Die Grundlage für die Umsetzungsarbeit des Vertriebs sind Informationen über die Strategie und ihre Hintergründe. Je deutlicher die Vertriebsinformationen dabei berücksichtigt wurden, desto höher wird die Akzeptanz sein.**

2. **Die Vertriebsaufgaben bei der Umsetzung von Strategien können durch drei Aufgabenbereiche beschrieben werden: Durch Produkt-, Kunden- und Positionierungsziele.**

3. **Werden für die Umsetzung der Strategie erhebliche Verhaltensänderungen vom Vertrieb verlangt, müssen die Risiken der alten und die Erfolgspotentiale der neuen Vorgehensweisen ausführlich erläutert werden.**

4. **Die detaillierten Vertriebsaufgaben zur Strategieumsetzung sollten gemeinsam ausgearbeitet und nicht vom Marketing vorgegeben werden.**

2. Die Umsetzung der Produktpolitik durch den Vertrieb

Bei dem Stichwort Produktpolitik denken die meisten wahrscheinlich sofort an Forschungs- und Entwicklungsabteilungen oder an Produktionskapazitäten und weniger an den Vertrieb. Doch in praktisch allen Fällen ist auch der Vertrieb direkt oder indirekt ein Produktbestandteil. Dabei geht es nicht nur

2. Schritt: Die vertriebsorientierte Formulierung der Strategie

um seine Wirkung im Rahmen der Corporate Identity, als passendes Teil eines ganzheitlichen Firmenauftritts.

Berücksichtigung des emotionalen Kundenbedarfs als »Produktleistung«

Immer, wenn der persönliche Verkauf eingesetzt wird, verschmelzen persönliches Verhalten des Verkäufers und Leistungseigenschaften des Produkts für den Kunden zu einer Einheit.

Der Grund dafür liegt in der fehlenden Differenzierungsmöglichkeit der Menschen zwischen sach- und gefühlsorientierten Entscheidungskriterien. Speziell wenn zwei Angebote sehr vergleichbar sind, werden bei der Kaufentscheidung neben den rationalen auch emotionale Kriterien eine wichtige Rolle spielen. Das gilt für private wie für industrielle Einkaufsentscheidungen. Ein Teil der emotionalen Anforderungen der Kunden wird dabei von emotionalen Leistungskriterien der Produkte (z. B. Image) erfüllt, ein anderer Teil (z. B. Anerkennungs- und Sicherheitsbedürfnis) von der Persönlichkeit des Verkäufers (vgl. Abb. 36). So ist z. B. in verschiedenen Studien nachgewiesen worden, daß Verkäufer um so erfolgreicher waren, je mehr ihre Persönlichkeit der Kundenpersönlichkeit entsprach.

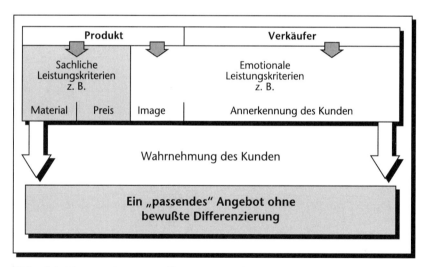

Abb. 36: Die gemeinsame Wirkung von sachlichen und emotionalen Leistungskriterien

Einsatz des Verkäuferverhaltens als bewußt konzipierter Leistungsbestandteil des Produkts

Häufig muß der Vertrieb aber nicht nur die Persönlichkeit des Kunden richtig erkennen und individuell berücksichtigen, sondern durch sein Verhalten auch bestimmte Produktaussagen vermitteln oder sogar mit Leben füllen.

Erst eine Vertriebsmannschaft macht Begriffe wie Freundlichkeit, Schnelligkeit, Engagement oder Vertrauen für den Kunden erlebbar. Eines der prominentesten Beispiele, wie sich Produkt-Strategien auch im Verkäuferverhalten widerspiegeln können, ist die »We try harder«-Kampagne von AVIS. Die Person des Verkäufers wurde gezielt und systematisch als Produktbestandteil eingesetzt. Angefangen vom verpflichtenden Ansteckbutton bis zum Training der Mitarbeiter (*»Unser Produkt ist nicht Autovermietung, sondern Kundenzufriedenheit«*).

Bei den meisten Dienstleistungsprodukten ist die Situation ähnlich. Die Trennung zwischen Produkt und leistendem Mitarbeiter ist kaum möglich. Egal, ob es um die Vermarktung von Reisen, Kreditkarten, Bankverbindungen (*. . . mit dem grünen Band der Sympathie*), Tankstellen (*DEA . . . und was können wir für Sie tun?*), Versicherungen (*Herr Kaiser . . .*) geht, der Verkauf selbst ist ein wesentliches Produktbestandteil und limitiert gegebenenfalls den Strategieerfolg (vgl. Abb. 37).

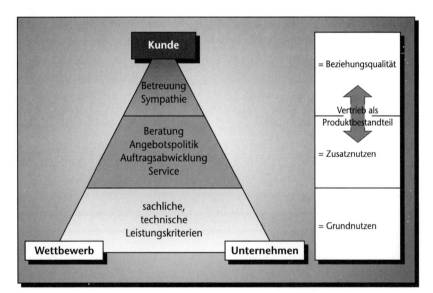

Abb. 37: Die verschiedenen Dimensionen der Produktleistung

2. Schritt: Die vertriebsorientierte Formulierung der Strategie

Produktpolitische Ziele	Mögliche Vertriebsaufgaben im Rahmen der Strategieumsetzung	relevant?	
Produktentwicklung	* Identifikation und Ansprache von Kunden zur Einbeziehung in die Produktentwicklung * Durchführung von Produkttests bei Kunden		
Erfüllung des emotionalen Kundenbedarfs *(speziell bei sehr vergleichbaren Produkten)* abhängig von der Person des Kunden	Standardaufgabe für jeden Verkäufer * Ausbau einer individuellen persönlichen Kontaktkompetenz * Bewußtes Erkennen des emotionalen Bedarfs der Kunden * Identifikation von verschiedenen Situationen, die Ansatzpunkt für die Erfüllung des emotionalen Bedarfs bieten * Bildung von Kundentypologien		
Verkäuferverhalten als bewußt konzipierter Leistungsbestandteil eines Produkts/Dienstleistung *(speziell bei Dienstleistungen)* *abhängig von der Produktstrategie*	* Entwicklung und Einsatz von bestimmten Verhaltensweisen im Kundenkontakt, die genau zum ausgelobten Leistungsprofil passen		
Einsatz der Beratungs- und Gestaltungsleistung des Verkäufers als Produktbestandteil *(speziell bei Maß- und Auftragsanfertigung)* *abhängig von der Produktstrategie und Kundensituation*	* Definition und Berücksichtigung von Regeln, Prinzipien, Leitfäden zur kundenspezifischen Individualisierung * Anpassung von Produkten/ Leistungen im Kundenkontakt »Wenn Bedarf so, dann Lösung so . . .«		

Checkliste 6: Die Aufgaben des Vertriebs bei der Umsetzung der Produktpolitik

Einsatz der Beratungs- und Gestaltungsleistung des Verkäufers als Produktbestandteil

Noch einen Schritt weiter in Richtung Produktbestandteil geht der Vertrieb, wenn er eine echte Beratungstätigkeit ausübt. So z. B. wenn ein Verkaufsingenieur gemeinsam mit dem Kunden die individuelle Spezifikation einer Maschine oder von bestimmten Einsatzstoffen erarbeitet. Die Güte des späteren Produkts wird dabei nicht nur durch produktionstechnische Faktoren bestimmt, sondern ganz entscheidend von den persönlichen Fähigkeiten des Verkäufers.

Aber auch bei der klassischen Produktentwicklung und -ausgestaltung kann der Vertrieb wertvolle Hilfestellung leisten. Er kann vorab gezielt Meinungen der Kunden erforschen oder sie sogar direkt in den Entwicklungsprozeß integrieren.

Allerdings muß der Verkauf dann aber auch wie ein Produkt behandelt werden. Er muß analysiert und mit dem Wettbewerb verglichen werden. Es müssen für ihn Einsatzsituationen, Ziele und Entwicklungsmaßnahmen definiert werden (Checkliste 6 s. S. 81).

FOKUS

1. **Kunden unterscheiden in der Regel nicht bewußt zwischen Produkt- und Verkäuferleistung, sondern bewerten ein Angebot ganzheitlich. Die Berücksichtigung der Kundenpersönlichkeit durch den Verkäufer ist daher auch ein Element der Produktpolitik und muß entsprechend geplant und gestaltet werden.**

2. **Speziell im Dienstleistungsbereich gehen viele Strategien sogar noch weiter und nutzen das Verhalten der Verkäufer als offiziellen Produkt- bzw. Leistungsbestandteil.**

3. **Aber auch Industrieprodukte mit differenzierten Leistungsprofilen sind für kundenindividuelle Spezifikationen oft auf die Beratungsleistung des Verkäufers als Produktbestandteil angewiesen.**

2. Schritt: Die vertriebsorientierte Formulierung der Strategie

3. Die Umsetzung der Preispolitik durch den Vertrieb

Für die meisten Strategien spielen der Preis und die Konditionen eine wichtige und eigenständige Rolle. Im Konsumgüterbereich hat der Preis oft eine imagebildende Funktion und es kommt darauf an, bei den Handelskunden eine bestimmte Preisdisziplin durchzusetzen. In der Investitionsgüterindustrie ist der Preis ein Element von ROI-Berechnungen und in allen Branchen wird er als Differenzierungsinstrument zum Wettbewerb eingesetzt (Checkliste 7).

Aber trotzdem sehen es die meisten Verkäufer nicht als ihr Ziel an, bestimmte Preispositionierungen durchzusetzen. Ganz im Gegenteil. Der Preis und die Konditionen werden in vielen Fällen nur als Mittel zur kurzfristigen Maximierung des Gesamtumsatzes eingesetzt und manchmal sogar mißbraucht.

Das Wort Preis ist für die Verkäufer einer der sensibelsten und emotionsgeladensten Begriffe. Denn sie sind vielfach diejenigen, die **Preisstellungen** und -erhöhungen den Kunden gegenüber **verkünden** und **verargumentieren** müssen. Die zwei Worte »zu teuer« lösen als Standard-Einwand der Einkäufer bei fast jedem Verkäufer körperliche Reaktionen aus. Keine andere Leistungskomponente eines Produkte ist so starker Kritik von Kunden ausgesetzt. Die Forderung nach Preissenkungen oder Rabatterhöhungen ist regelmäßiger Agenda-Punkt von Außendienstbesprechungen. Fast jeder Verkäufer ist davon überzeugt, daß er weitaus mehr verkaufen könnte, wenn der Preis nur niedriger wäre. Kein Wunder, daß viele Verkäufer Preisstrategien ignorieren und virtuos jedes Schlupfloch und jeden Rabatt ausnutzen, um dem Kunden den Wunsch nach möglichst niedrigen Preisen zu erfüllen.

Deshalb wird auch nur selten versucht, dem Vertrieb Preisstrategien als eigenständige Zielsetzungen vorzugeben. Die mehrheitlich praktizierte Vorgabe von mehr oder weniger fixen Preisen und Konditionen ist daher auch eine Absicherung gegen die fehlende Widerstandskraft der Verkäufer beim Thema Preis oder Rabatt. Wenn es gelingt, den Vertrieb über geeignete Kennziffern in die aktive Umsetzung von Preisstrategien einzubinden, können dagegen noch erhebliche Potentiale erschlossen werden. Leider erfaßt bisher nur eine Minderheit der Unternehmen Steuerungsgrößen wie Kundendeckungsbeiträge oder Durchschnittspreise und -rabatte pro Verkäufer.

Eine weitere wichtige Umsetzungsaufgabe ist der richtige Einsatz von **produkt- und kundenbezogenen Konditionen.**

Üblicherweise werden für ein einzelnes Produkt verschiedene Konditionen

Die fünf Schritte zur Strategieumsetzung im Vertrieb

nach dem Prinzip Leistung und Gegenleistung eingesetzt. Die bekanntesten sind Mengenrabatte, Aktionsrabatte und Werbekostenzuschüsse. Es wird damit versucht, die besondere Berücksichtigung eines Produktes durch den Kunden zu forcieren. Das kann die Abnahme großer Mengen oder der Einsatz des Produktes für besondere Verwendungen sein. Bei Absatzmittlern bzw. Händlern kommen noch eigenständige Vermarktungsbemühungen hinzu.

Ganz anders funktioniert der Mechanismus bei den kundenbezogenen Konditionen, wie Skonti und Boni. Auch hier steht in aller Regel eine Gegenleistung im Vordergrund, die sich allerdings nicht auf einen speziellen Produkteinsatz sondern auf die gesamte Zusammenarbeit zwischen Lieferant und Kunden bezieht. Manchmal werden diese Konditionen auch nicht von Marketing festgelegt, sondern vom Vertrieb. Das ist im Prinzip in Ordnung, wenn die Abstimmung funktioniert und die Substitutionsbeziehungen zwischen den beiden Konditionsarten beachtet werden.

Preispolitische Ziele	Mögliche Vertriebsaufgaben im Rahmen der Strategieumsetzung	relevant?
Durchsetzung eines bestimmten Preisniveaus bei Absatzmittlern	* Erläuterung der Preisstrategie * Integration der Preisstellungen in die Absatzpolitik der Absatzmittler * Überwachung und Kontrolle des Preisniveaus	
Durchsetzung eines bestimmten Preisniveaus bei Verwendern/Anwendern	* Erläuterung der Preisstellung * Durchführung von kundenindividuellen Investitions-/Amortisationsrechnungen = Wirtschaftlichkeitsberechnungen	
Einsatz von produkt- und kundenbezogenen Konditionen	* Information/Angebot der Rabatte an geeignete Kunden * Abschluß von kundenindividuellen Vereinbarungen * Überwachung der Gegenleistungen der Kunden und Abrechnung	

Checkliste 7: Typische Vertriebsaufgaben bei der Umsetzung der Preispolitik

Es kann dagegen gefährlich und sogar strategiezerstörend sein, wenn Produkt- und Kundenkonditionen miteinander vermischt werden. Wenn bei Produktrabatten nicht mehr die Gegenleistung für ein bestimmtes Produkt sondern der Gesamtumsatz im Vordergrund steht oder umgekehrt. Da beide

2. Schritt: Die vertriebsorientierte Formulierung der Strategie

Konditionsarten vom Vertrieb eingesetzt werden, kann es sehr schnell zu Interessenkonflikten kommen. Wir erleben es bei unseren Mandanten immer wieder, daß große Kunden enorme Gesamtrabatte fordern, mit denen dann mühsam aufgebaute Preispositionierungen strategisch wichtiger Produkte unterlaufen werden.

> **FOKUS**
>
> 1. **Die kundenbezogene Erläuterung der Preise und Konditionen ist eine klassische Vertriebsaufgabe.**
>
> 2. **Eigene Entscheidungsspielräume hat der Vertrieb bisher meistens nur auf Key-Account-Ebene. Ansonsten erfolgt die Umsetzung von Preisstrategien über relativ starre Preis- und Konditionsvorschriften. Eine flexiblere Arbeitsweise ist nur möglich, wenn kunden- und verkäuferbezogene Deckungsbeiträge, Durchschnittspreise und -rabatte ermittelt werden können.**
>
> 3. **Der undifferenzierte und nicht abgestimmte Einsatz von Kunden- und Produktkonditionen durch den Vertrieb kann Preisstrategien für einzelne Produkte wirkungslos werden lassen.**

4. Die Umsetzung der Distributionspolitik durch den Vertrieb

Die Distributionspolitik umfaßt alle Entscheidungen, die den Weg des Produktes von der Produktion bis zum Endverbraucher/Verwender betreffen. Neben den Entscheidungen über rein logistische Fragen und deren Umsetzungen sowie der grundsätzlichen Auswahl des Vertriebssystems gehören dazu auch der Aufbau, der Ausbau und die Pflege der Absatzkanäle/Kundengruppen. Speziell beim letzten Punkt handelt es sich zweifellos um eine der Kernaufgaben des Vertriebs. Im klassischen Marketingmix wird der Vertrieb sogar ausschließlich der Distributionspolitik zugeordnet. Ohne persönliche Kontakte könnten die Beziehungen zu vielen Absatzmittlern und Kunden nicht aufrechterhalten werden. Ein unpersönlicher Verkauf über Direkt-Mailing arbeitet mit Responsequoten, die meist deutlich unter 5% liegen. Werte, die für viele Unternehmen nicht akzeptabel sind und mit denen sich keine Marktdurchdringung realisieren bzw. kein ausreichender Distributionsgrad herstellen läßt. Günstiger sieht es dagegen schon beim Telefonverkauf aus. Aber da sind wir auch schon bei einer speziellen Variante des persönlichen Verkaufs. Viele Distributionsziele sind ohne den Einsatz von Verkäufern niemals oder zumindest nicht mit vertretbaren Kosten zu erreichen (Checkliste 9).

Der Vertrieb sollte aber nicht nur alle Fähigkeiten besitzen, um bestehende **Absatzkanäle bzw. Kunden** zu **betreuen**. Zur Umsetzung der Distributionsziele muß er darüber hinaus neue Kunden identifizieren, ansprechen und überzeugen können. Aber häufig liegen hier Stärken und Schwächen eng beieinander. Nehmen wir z.B. an, die Produkte eines Unternehmens sind in einer Branche bereits gut distribuiert, der Verkauf ist etabliert und kennt die Gesetzmäßigkeiten und Besonderheiten der Kundenbranche. Wenn neue Verkäufer gesucht werden, bevorzugt man »*in der Branche eingeführte Bewerber*«. Die eigenen Verkäufer sind stolz auf ihre guten Kundenkontakte und sehen sie als ihr persönliches Kapital an. Plötzlich wird dieser stabile Zustand durch eine neue Strategie gestört. Es soll eine neue Kundengruppe oder ein neuer Absatzkanal erschlossen werden. Da sich alle Beteiligten sicher sind, eine gute Verkaufsmannschaft zu haben, geht man mit Zuversicht an die Aufgabe heran. Doch als nach einer gewissen Zeit ein Resümee gezogen wird, sind die Ergebnisse unbefriedigend. Es ist bei weitem nicht der Distributionsgrad erreicht worden, mit dem gerechnet wurde, und auch die Absatzzahlen sind enttäuschend. Eine Situation, die in der Praxis immer wieder anzutreffen ist und die die meisten Leser auch schon selbst erlebt haben werden. Es handelt sich dabei jedoch nicht immer um Schicksalsschläge, sondern häufig steckt dahinter nur ein Umsetzungsproblem.

Um das zu verstehen, müssen wir etwas tiefer in Psyche von Verkäufern schauen. Verkäufer tun, wie viele andere Menschen auch, die Dinge besonders gern, die sie gut können und bei denen sie sich sicher fühlen. Ändern sich die Absatzkanäle bzw. sollen neue Kundengruppen angesprochen werden, wird dieses Streben nach Sicherheit gefährdet. Mit dem Verlust der bestehenden Kontaktpartner verliert der Verkäufer seinen Stallgeruch, und es bauen sich Unsicherheiten auf. Die vorhandene Kontaktstärke eines Verkäufers ist in vielen Fällen zugleich auch seine Schwäche.

Die Reaktionsbandbreite der Verkäufer auf solche subjektiv empfundenen Unsicherheiten kann von Hemmschwellen bei bestimmten Hierarchieebenen bis zu einer unangebrachten Arroganz gegenüber bestimmten Kunden-

2. Schritt: Die vertriebsorientierte Formulierung der Strategie

gruppen reichen. Allein das Beharrungsvermögen des Vertriebs in seinem angestammten Bereich kann so sinnvolle Strategien torpedieren. Das kann soweit gehen, daß für bestimmte Vermarktungsaufgaben sogar neue Vertriebsmannschaften eingesetzt werden müssen. Speziell bei Distributionsausweitungen über neue Kundengruppen muß daher neben einer entsprechenden Führung ein straffes Controlling eingesetzt werden, mit dem die ungeliebten Aktivitäten beobachtet werden können.

Viel effektiver ist es allerdings, die Unsicherheiten, die dem Verhalten zugrunde liegen, im Vorfeld abzubauen. Im Rahmen der Marketinganalyse ist in der Regel auch ein beträchtliches know how über neue Branchen, Ansprechpartner, Probleme und Bedarf, Entscheidungskriterien und das Wettbewerbsumfeld erworben worden. Wird dieses know how auch entsprechend an den Vertrieb weitergegeben, so können zumindest die sachlichen Unsicherheiten beseitigt werden (vgl. Checkliste 8). Hilfreich ist auch der Auftritt eines potentiellen Kunden vor der Vertriebsmannschaft und die Gelegenheit zur Diskussion mit ihm. Die Verkäufer können auf sicherem Ter-

Prüfpunkte zur Distributionsausweitung	bekannt?	Maßnahmen	
Welche Fragen wird man dem Verkäufer stellen?			
Welche Antworten soll er geben?			
Welche Anforderungen wird der Kunde an die Produkte haben?			
In welchen Wissensbereichen wird er wie kompetent sein?			
Welche Beispiele wird er verstehen?			
Wie kann der Verkäufer seine Kompetenz zeigen?			
Was sagt der Verkäufer, wenn nach Erfahrungen/Referenzen gefragt wird?			
Mit welchen Einwänden muß er rechnen?			
Was sind die Antworten auf die Einwände?			
Wie kann der Verkäufer den Besuch der weniger attraktiven Kunden in seinem sozialen Umfeld begründen?			

Checkliste 8: Informationsbedarf zum Abbau von Unsicherheiten bei der Ansprache neuer Zielgruppen/Distributionsausweitungen

Die fünf Schritte zur Strategieumsetzung im Vertrieb

rain den Kontakt »üben«, erhalten Insider-Informationen und können so mit weitaus mehr Selbstvertrauen an ihre neue Aufgabe gehen.

Andernfalls wird der Vertrieb – sicher unbewußt – zahlreiche Argumente und Begründungen finden, warum sich Besuche bei bestimmten Kundengruppen nicht lohnen oder für manche Produkte einfach kein Markt besteht.

Distributionspolitische Ziele	Mögliche Vertriebsaufgaben im Rahmen der Strategieumsetzung	relevant?
Aufbau neuer Kundengruppen/Absatzkanäle	* Identifizierung und Bewertung möglicher neuer Absatzkanäle/Kunden * Ansprache und Gewinnung von neuen Absatzkanälen/Kunden	
Betreuung bestehender Absatzkanäle und Kundengruppen	* Realisierung eines ausreichenden Kontaktvolumens * Ansprechpartner für alle Abwicklungsfragen der Logistik (Bestellungen, Lieferreklamationen) * Abschluß und Aktualisierung aller notwendigen Vereinbarungen und Verträge	
Umsetzung von Logistikkonzepten (insbesondere für die Markenartikelindustrie hat dieser Bereich durch ECR einen hohen Stellenwert)	* Durchsetzung von konzeptionsgerechten Liefermengen und -einheiten * Vereinbarung von entsprechenden Lieferrhythmen	

Checkliste 9: Typische Vertriebsaufgaben bei der Umsetzung der Distributionspolitik

FOKUS

1. **Die meisten Aufgaben und Ziele der Distributionspolitik lassen sich nur durch den persönlichen Verkauf realisieren.**

2. **Die Ansprache neuer Absatzkanäle/Kundengruppen ist für viele Vertriebsmannschaften eine eher ungeliebte Tätigkeit und muß besonders vorbereitet und unterstützt werden.**

2. Schritt: Die vertriebsorientierte Formulierung der Strategie

5. Die Umsetzung der Kommunikationspolitik durch den Vertrieb

Der Begriff Kommunikation beschreibt den Austausch und die Verarbeitung von Informationen. Diese Definition gilt auch für die Kommunikationspolitik eines Unternehmens. Dort wird festgelegt, welche Botschaften mit welchen Medien in den Markt getragen werden sollen. Die Bandbreite reicht dabei von klassischer Werbung über die Pressearbeit bis hin zum Sponsoring von Sport und Kultur sowie dem Einsatz von Verkaufsförderungsaktionen. Welche Bedeutung der Faktor Kommunikation für die Unternehmen hat, wird schon dadurch deutlich, daß in Deutschland allein für klassische Werbung ca. 25 Milliarden DM pro Jahr ausgegeben werden.

Trotzdem werden die Kommunikationspotentiale, die in den eigenen Mitarbeitern stecken, oft sträflich vernachlässigt (vgl. Abb. 38). Noch immer glauben viele, daß Kommunikation die Aufgabe einer Abteilung ist und daß sich corporate identity im corporate design erschöpft. Die **interne Kommunikation von Strategien** wird kaum systematisch betrieben. Machen Sie die Probe aufs Exempel und fragen Sie verschiedene Mitarbeiter eines Unternehmens nach der Strategie. Oder fragen Sie nach dem Grund, warum ein potentieller Kunde die Produkte des Unternehmens kaufen sollte. In den meisten Fällen werden Sie gar keine Antwort erhalten. Wenn doch jemandem etwas einfällt, sind in den Antworten kaum Gemeinsamkeiten zu entdecken. Und das, obwohl jeder Mitarbeiter, der in irgendeiner Form Kontakte zum Markt hat, auch zugleich eine wichtige Kommunikationsfunktion ausübt. Er sendet Botschaften, die aufgenommen und verarbeitet werden. Der SAS-Chef Jan Carlzon bezeichnete jeden dieser Kundenkontakte eines Mitarbeiters treffend als »moment of truth«. Diese ganzheitliche Kommunikationswirkung eines Unternehmen wird bei der Strategieumsetzung aber oft nur unzureichend berücksichtigt.

Doch auch wenn über die **Kommunikationsaufgaben eigener Mitarbeiter** nachgedacht wird, stehen bei solchen Betrachtungen meist nur die Außendienstverkäufer im Vordergrund. In vielen Unternehmen haben jedoch andere Vertriebsfunktion und Mitarbeiter viel höhere Kontaktfrequenzen zu Kunden. Ihr Verhalten und ihre offiziellen und inoffiziellen Kommentare prägen entscheidend das Bild eines Lieferanten. Das gilt insbesondere für Branchen mit kurzfristigen und häufigen Bestellungen.

Leider kann die Kommunikationswirkung von Mitarbeitern auch ins Gegenteil umschlagen und mühsam aufgebaute Images und Wettbewerbsvorteile in Rekordzeit zerstören.

Die fünf Schritte zur Strategieumsetzung im Vertrieb

Mitarbeiter	Wirkungs-dimensionen (vgl. Abb. 6)	erreichte Zielgruppe	Kontakthäufigkeit pro Person
Außendienstverkäufer	alle	potentielle und bestehende Kunden, hauptsächlich Entscheider	2 - 15 pro Tag, ca. 400 - 3000 p. a.
Innendienstverkäufer/Auftragsannahme	eingeschränkt, keine visuellen Kontakte	potentielle und bestehende Kunden, mehr abwicklungsorientierte Funktionen	bis zu 100 pro Tag, bis zu 24.000 p. a.
Kundendienstmitarbeiter, Servicetechniker, Monteure	alle	bestehende Kunden, hauptsächlich Produktverwender	2 - 15 pro Tag, ca. 400 - 3000 p. a.
Mitarbeiter Warenausgabe	alle	bestehende Kunden, hoher Anteil Produktverwender	bis zu 100 pro Tag, ca. 24.000 p. a.
Auslieferungsfahrer	alle	bestehende Kunden, je nach Branche von der Warenannahme bis zu Entscheidern	20 bis 80 pro Tag, ca. 4.800 - 19.200 p. a.
Pförtner, Mitarbeiter Empfang, Telefonzentrale	alle	bestehende und potentielle Kunden	direkte Kontakte bis zu ca. 150 pro Tag, indirekte unbegrenzt
Disponenten, Mitarbeiter Rechnungswesen	eingeschränkt, keine visuellen Kontakte	bestehende Kunden	unterschiedliche Häufigkeit

Abb. 38: Intensität und Zielgruppen der Kundenkontakte von verschiedenen Unternehmensmitarbeitern

Gegen ein Fehlverhalten einiger Mitarbeiter kann auch die schönste Werbekampagne nichts ausrichten. Ein unbeherrschter Kundendienstmonteur kann einen Schaden anrichten, der auch mit Millionenaufwand nicht auszugleichen ist. Eine unfreundliche Innendienstmitarbeiterin läßt eine Kundenorientierungskampagne zu einer Worthülse verkommen.

Die Strategieverantwortlichen stehen dem allerdings nicht hilflos gegenüber. Alle Mitarbeiter mit Kundenkontakt und speziell der Vertrieb brau-

2. Schritt: Die vertriebsorientierte Formulierung der Strategie

chen, wie die Werbeagentur, ein Briefing. **Vertriebsbezogene Kommunikationskonzepte** müssen gemeinsam von Marketing und Vertrieb entwickelt werden.

Doch Hand aufs Herz: Welcher Vertriebsmitarbeiter, egal ob im Innen- oder Außendienst, welcher Kundendienstmonteur hat ein schriftliches Briefing über die Kommunikationsziele, die er verfolgen soll? Wenn überhaupt gab es mal ein nachlässig fotokopiertes Blättchen mit 10 Geboten für den Umgang mit Kunden. Darin stehen allerdings meist Allgemeinplätzchen (»Der Kunde ist die wichtigste Person in unserem Betrieb«), die mehr das Gewissen der Vorgesetzten beruhigen, als daß sie den Mitarbeitern eine konkrete Hilfestellung für eine strategiekonforme Kommunikation mit ihren Kunden bieten. Dabei geht es auch anders. In Workshops haben wir z. B. gemeinsam mit den Auslieferungsfahrern einer Brauerei erarbeitet, wie sie sich in bestimmten Kontaktsituationen verhalten sollen, um das angestrebte Image der Brauerei für die Wirte mit Leben zu füllen.

Natürlich können die Kontakte von Verkäufern oder anderen Mitarbeitern nicht grundsätzlich die Funktion von Medien übernehmen, speziell wenn es darum geht, potentielle Kunden in großer Anzahl anzusprechen (Checkliste 10). Dafür ist der Vertrieb den Medien aber in der Wirkung weit überlegen. Er umfaßt die meisten Wirkungsdimensionen, erreicht eine genau abgegrenzte Zielgruppe und hat so kaum Streuverluste.

In letzter Zeit sehen mehr und mehr Unternehmen ihre Kommunikationswege aber nicht nur als Einbahnstraße an, sondern suchen die Rückkoppelung und den Dialog mit ihren Kunden. Aber auch dabei wird der Vertrieb nur unzureichend genutzt. Während bei der TV-Werbung und in Computernetzwerken wie Internet, die ersten Ansätze zu einer interaktiven Kommunikation stürmisch gefeiert werden, findet noch nicht einmal eine systematische Auswertung der Rückkoppelungen statt, die die eigenen Mitarbeiter aus dem Markt mitbringen.

Die fünf Schritte zur Strategieumsetzung im Vertrieb

	Kommunikationspolitische Ziele	Mögliche Vertriebsaufgaben im Rahmen der Strategieumsetzung	relevant?
	Vermittlung von Sachinformationen zu Produkten und Unternehmen (Sortimente, Produktleistungen, USP, . . .)	* Persönliche, telefonische und schriftliche Kontakte zu Kunden bzw. Absatzmittlern * Information über die Leistungsmerkmale/Nutzen der Produkte * Demonstrationen und Vorführungen * Herausstellung bestimmter Leistungseigenschaften	
	Vermittlung von Image, Positionierung	* Ausdruck der Imageposition durch darauf abgestimmte persönliche Verhaltensweisen und Reaktionen im Kundenkontakt	
	Rückkoppelung über Marktsituationen und Reaktionen der Kunden	* Information über Anforderungen und Bedarf der Kunden * Informationen über die Akzeptanz von Produktvorteilen * Information über Widerstände und Wettbewerbspositionen/-Aktivitäten (siehe auch Vertriebsinformationen)	

Checkliste 10: Typische Vertriebsaufgaben bei der Umsetzung der Kommunikationspolitik

FOKUS

1. **Verglichen mit anderen Medien werden die eigenen Mitarbeiter meistens nicht systematisch für Kommunikationsaufgaben genutzt, obwohl sie zahlreiche Marktkontakte haben. Letztlich ist jeder Mitarbeiter ein Vertriebsmitarbeiter.**

2. **Trotz der hohen Bedeutung des Vertriebs für die Realisierung bestimmter Kommunikationsziele, erhält er oft ein schlechteres Briefing als eine Werbeagentur.**

IV. 3. Schritt: Die strategiekonforme Gestaltung der Vertriebskonzeption

Die Vertriebskonzeption beschreibt die individuellen Ziele, die Organisation und die Struktur der Vertriebsarbeit für eine bestimmte Planungsperiode. Ohne ein solches Konzept wäre eine koordinierte Bündelung der Umsetzungskräfte auf die Strategieziele nicht möglich. Schlimmer noch, vorhandene Kernkompetenzen und Marktpositionen würden wahrscheinlich zerfasern und letztlich ganz untergehen.

Auf den ersten Blick mag das Erstellen von Konzeptionen nach überflüssiger Bürokratie aussehen. Jeder Verkäufer wird zudem schon einmal über den administrativen Aufwand geschimpft haben, der ihn bloß von seiner eigentlichen Tätigkeit, dem Verkaufen, abhält. Manche Kritik an den bestehenden Vertriebskonzepten ist dabei durchaus berechtigt. In vielen Fällen sind die Konzepte nicht ausreichend auf die Strategie und die Realitäten des Tagesgeschäfts abgestimmt, sondern mehr historisch gewachsen und »verinstitutionalisiert«. Andererseits steckt hinter der Kritik aber auch die tief verwurzelte Abneigung der Verkäufer gegen jegliche Planung und Meßbarkeit.

Betrachten wir die Wettbewerbssituation in den meisten unserer Märkte, so leben wir heutzutage in einen Verdrängungswettbewerb, der nur gewonnen werden kann, wenn immer differenziertere Strategien entsprechend punktgenau durch den Vertrieb umgesetzt werden. Je weniger gut die Eckpfeiler zur Umsetzung dieser Strategien in der Vertriebskonzeption ausformuliert sind, desto stärker können und müssen die Arbeitsschwerpunkte, Aufgabenzuordnungen, Kommunikationsstrukturen und -inhalte von den einzelnen Vertriebsmitarbeitern selbst bestimmt werden. Trotz gutem Willen und guter verkäuferischer Qualifikation sind Verkäufer mit dieser Aufgabe jedoch meistens überfordert. **Das, was nach motivierenden Freiräumen und Flexibilität vor Ort aussieht, führt letztlich nur zu einem dramatischen Profilverlust im Markt.** Die Informationsgrundlage von Verkäufern ist häufig zu schmal und zu sehr von regionalen und persönlichen Besonderheiten geprägt, um über die allgemeinen Schwerpunkte der eigenen Arbeit zu entscheiden.

1. Differenzierte Vertriebsziele

Der erste Arbeitsschritt für die planvolle Ausgestaltung der Vertriebskonzeption ist die Aufstellung von differenzierten Vertriebszielen. Diese diffe-

Die fünf Schritte zur Strategieumsetzung im Vertrieb

renzierten Vertriebsziele sind nichts anderes als die Vertriebsaufgaben zur Strategieumsetzung. Es sind die Ziele aus der Produkt-/Kundenmatrix und die Positionierungsziele.

Wenn jetzt jemand denkt, das ist doch logisch und auf diesen Punkt brauchen wir nicht weiter einzugehen, der irrt sich gewaltig. In der Praxis dominieren pauschale Umsatzziele, die zwar häufig nach Produktgruppen, aber kaum nach bestehenden, neuen oder sonstigen Kundengruppen differenziert sind. Damit ist eine systematische Strategieumsetzung schon in vielen Fällen von Grund auf nicht mehr möglich. Aber noch schlimmer, selbst unterschiedliche Produktziele bestehen häufig nur auf dem Papier. Ihre Erreichung wird nicht ernsthaft verfolgt und die inoffizielle Meßlatte vieler Vertriebsmannschaften ist trotz aller Trainings und EDV-Unterstützung noch immer der Gesamtumsatz. Während Laptops zur Vertriebssteuerung eingeführt werden, liegt das Ziel der Steuerung oft noch hinter einer Nebelwand.

Doch warum ist der Gesamtumsatz als Zielsetzung so schlimm? Weil bei einem pauschalen Gesamtumsatzziel jeder Verkäufer natürlich versuchen wird, soviel Umsatz wie möglich zu machen. Und dabei wird er den Weg des geringsten Widerstands gehen, d. h. er macht den Umsatz mit den Produkten und Kunden, mit denen es am leichtesten möglich ist. Oft sind es aber gerade die strategisch nicht so wichtigen Produkte/Kunden, mit denen ohne große Mühe eine Umsatzsteigerung erzielt werden kann. Die Folge ist dann, daß der Minderumsatz in den strategisch wichtigen Marktsegmenten mit Mehrumsatz bei den unwichtigen ausgeglichen wird. Eine Unternehmensstrategie wird so nicht nur nicht umgesetzt, sondern praktisch torpediert. Bei der Strategieumsetzung gibt es nämlich keinen neutralen Zustand. Jede Nichtumsetzung einer Strategie stellt de facto die Verfolgung einer anderen, meist kontraproduktiven Strategie dar.

Noch komplexer wird es, wenn der Strategieerfolg nicht nur davon abhängt, daß die richtigen Produkte den richtigen Kunden angeboten werden. Einige Strategien wirken erst dann richtig, wenn z. B. bestimmte Leistungseigenschaften oder Images der Produkte, die für den Kunden nicht automatisch erlebbar sind, herausgestellt werden. Produkt- und Kundenziele müssen dann noch durch Positionierungsziele für den Vertrieb ergänzt werden.

Bei den Verkäufern steht das fehlende Wissen über die Bedeutung von strategischen Positionen an erster Stelle. Häufig werden differenzierte Vorgaben sogar bekämpft und als Einschränkung des persönlichen Gestaltungsrahmens aufgefaßt. Kundenorientierung wird mit reaktiver Marktbearbeitung verwechselt und nicht selten wird gesagt »*Wir können nur das verkaufen, was vom Markt nachgefragt wird*«.

3. Schritt: Die strategiekonforme Gestaltung der Vertriebskonzeption

Es ist aber nicht nur der Vertrieb, der undifferenziert arbeitet. In vielen Unternehmen existieren Strategien, die z. B. keine Aussagen über die Bedeutung verschiedener Kundengruppen für die Zielerreichung machen oder keine Unterschiede zum bestehenden Kundenportfolio aufzeigen. Das ist insbesondere deshalb unverständlich, weil eine Strategie letztlich immer auf die Erfüllung von bestimmten Marktanforderungen zielt. Und es ist offensichtlich, daß diese, je nach Kundengruppe, sehr unterschiedlich sein können. Hier rächt sich jetzt, daß bei vielen Strategien zu wenig Vertriebsinformationen über Kunden und ihre Anforderungen berücksichtigt worden sind.

Jeden Tag versuchen deshalb Tausende von Verkäufern, den falschen Kunden die richtigen Produkte zu verkaufen oder mit den falschen Produkten an die richtigen Kunden heranzugehen. Die Folge: Entweder gelingt es ihnen nicht, einen passenden Bedarf zu wecken oder sie bieten ein Produkt an, daß die Kundenanforderungen nur unzureichend erfüllen kann. Die Rückkopplung an die Zentrale besteht dann häufig aus der pauschalen Aussage: *»Die Strategie greift nicht im Markt.«*

Ein weiterer entscheidender Fehler bei der Formulierung der Zielsetzungen ist die fehlende Berücksichtigung des relativ kurzen Planungshorizonts der meisten Vertriebsmitarbeiter. Die Vertriebsziele sollten daher, soweit es sinnvoll möglich ist, in Halbjahres-, Quartals- oder Saisonziele heruntergebrochen werden.

FOKUS

1. Die meisten Vertriebsziele sind viel zu pauschal, um Strategien auch nur halbwegs abbilden zu können. Nur selten gibt es Vertriebsziele für Produktgruppen und für Kundengruppen (vgl. Abb. 34). Vertriebsziele für Auftragsbearbeitungszeiten, Preisstellungen, Argumentations- oder Verhaltensschwerpunkte der Verkäufer sind sogar die absolute Ausnahme

2. Aber auch einige Marketingabteilungen haben sich noch nie Gedanken darüber gemacht, welche Zielsetzungen für die Umsetzung ihrer Strategien durch den Vertrieb wichtig sind. Oft kennen sie noch nicht einmal das Zielsystem der eigenen Vertriebsmannschaften.

2. Organisations- und Kommunikationsstruktur

Nachdem die Vertriebsziele feststehen, muß überprüft werden, mit welcher Organisationsstruktur sie umgesetzt werden können. Wird ein Key-Account-Management benötigt, um besser auf die Anforderungen von (potentiellen) Großkunden eingehen zu können? Sollten bestimmte Kunden nur telefonisch über den Innendienst betreut werden, damit der Außendienst mehr freie Kapazitäten erhält? Soll der Außendienst nur akquirieren, die laufende Kundenbearbeitung erfolgt über den Innendienst bzw. die Kundendiensttechniker? Sollten Merchandiser auch die Routinebestellungen der Regalware übernehmen?

Beantworten kann man diese Fragen sicher nur vor dem Hintergrund konkreter Vertriebsziele. Allerdings ist eines sicher. Alle Vertriebsfunktionen haben typische Stärken und Schwächen, die in jedem Fall berücksichtigt werden müssen (vgl. Abb. 39).

Neben der Organisationsstruktur, die den verschiedenen Vertriebsfunktionen bestimmte Aufgabenbereiche zuordnet, muß auch die interne Kommunikationsstruktur angepaßt werden. Bei einem Kunden werden oft verschiedene Hierarchiestufen in unterschiedlichen Phasen des Entscheidungsprozesses von verschiedenen Vertriebsmitarbeitern betreut. Die interne Kommunikation als Voraussetzung zur Bündelung der Kräfte ist dabei nicht automatisch so gut, daß eine reibungslose Strategieumsetzung gewährleistet ist.

Betrachten wir eine Situation, in dem die Zentrale von einem Key-Account-Manager, die Niederlassungen oder Verkaufsstellen von einem Regionalverkäufer betreut, telefonische Bestellungen durch einen Innendienst-Verkäufer entgegen genommen werden und der Kundendiensttechniker schließlich Wartungs- und Reparaturarbeiten durchführt.

Bei der Strategieumsetzung hat jeder eine andere Funktion. Der Key-Account-Manager schafft durch Vereinbarungen und Absprachen die Voraussetzungen für die Strategieumsetzung in den Niederlassungen und Verkaufsstellen. In der Regel legt er den grundlegenden Sortimentsrahmen und die Basiskonditionen fest. Er muß zunächst alle strategischen Positionen, wie die Abgrenzung zum Wettbewerb und die Verbindung des eigenen USP mit den Kundenzielen durchsetzen.

3. Schritt: Die strategiekonforme Gestaltung der Vertriebskonzeption

Funktion	Stärken	Schwächen
Key-Account-Manager	• extrem hohes Wissen über Kunden und deren Einsatz- und Absatzsituationen • alle persönlichen Wirkungsdimensionen	• teuer • sehr begrenzte Kapazitäten
regionaler Außendienstverkäufer	• Aufnahme von Einrichtungen, Arbeitsweisen, nonverbalem Feedback der Kunden • alle persönlichen Wirkungsdimensionen, Demonstrationen, Vorführungen	• teuer • begrenzte Kapazitäten • Trotz EDV-Einsatz tagsüber kaum Zugriff auf Daten, relativ lange Reaktionszeiten
Innendienstverkäufer	• schnell • preiswert • hohe Kontaktkapazität • direkter Datenzugriff, schnelle Reaktionszeiten	• Eingeschränkte Wirkungsdimensionen keine Demonstration, Vorführung • keine Aufnahme von nonverbalem Feedback, keine visuellen Eindrücke der Kundensituation
Kundendienst-/Anwendungstechniker	• hohes Fachwissen, Glaubwürdigkeit • häufige Kontakte • Insiderwissen vom Kunden • alle Wirkungsdimensionen	• u. U. soziale Unterschiede zu Entscheidern • keine kaufmännischen Kenntnisse • u. U. wenig Kontakt- und Kommunikationsfähigkeit
Merchandiser (Verkaufsförderer)	• gute Kenntnis von Kundensituationen • alle Wirkungsdimensionen	• meist fehlende Fachkenntnisse für produktbezogene Verkaufsgespräche

Abb. 39: Stärken und Schwächen der einzelnen Vertriebsfunktionen

Sofern die Zentralen nicht sehr direktiv sind, ist damit noch nicht sichergestellt, daß die Sortimente auch tatsächlich abgenommen werden. In fast allen Fällen stimmt der Verkauf vor Ort auch noch die tatsächlichen Bezugsmengen ab. Er muß Einfluß darauf nehmen, daß die strategisch wichtigen Produkte auch die besten Plazierungen erhalten bzw. richtig angewendet werden. Sofern an Absatzmittler verkauft wird, können und müssen die Endabnehmerpreise manchmal noch vor Ort beeinflußt werden (vgl.

Abb. 40). Wenn die Bestellungen schließlich über einen Innendienst-Verkäufer abgewickelt werden, stehen unter Strategieaspekten mehr qualitative Teilziele, wie schnelle Reaktionszeiten oder die Vollständigkeit der Auskünfte im Vordergrund.

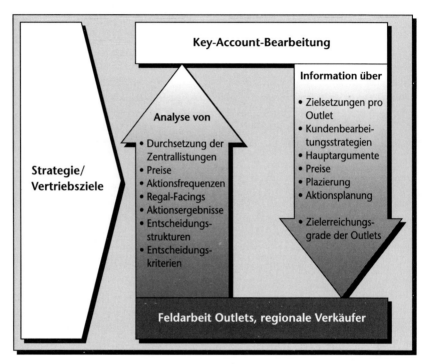

Abb. 40: Praxisbeispiel vertriebsinterner Kommunikationsstrukturen eines Markenartikelunternehmens

Kundendiensttechniker haben nicht nur eine rein technische Funktion, sondern auch eine imageprägende und verkäuferische. Häufig erkennen nur sie viele wichtige Einflußfaktoren wie z. B. die Änderung von Einsatzsituationen, Meinungen von Anwendern/Verwendern oder Zeitpunkte für Ersatzbedarf (vgl. Abb. 41).

Damit dieses Zusammenspiel nicht nur unter Abwicklungsgesichtspunkten, sondern auch für die Strategieumsetzung funktioniert, ist ein erheblicher vertriebsinterner Informations- und Koordinationsaufwand nötig.

Jede Funktion bringt ein anderes Steinchen in das gemeinsame Puzzle der Strategieumsetzung ein und die Aufgabenverteilungen sind auch in aller Regel dementsprechend festgelegt. Das eigene Verhalten hängt aber nicht nur

3. Schritt: Die strategiekonforme Gestaltung der Vertriebskonzeption

von der grundsätzlichen Aufgabenzuordnung ab, sondern auch von den Ergebnissen der vorausgehenden oder benachbarten Bearbeitungsstufe. Und genau da hapert es. Die meisten Kundenbearbeitungssysteme schaffen es kaum, die Abwicklung der Geschäftsvorgänge vernünftig zu organisieren, geschweige denn, daß sie eine Strategieumsetzung transportieren können.

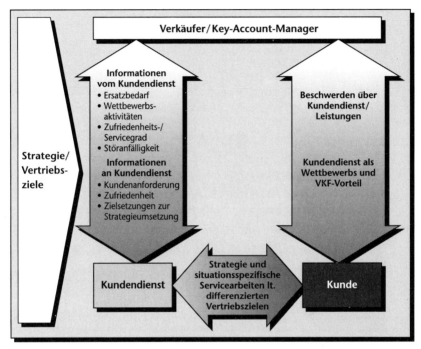

Abb. 41: Praxisbeispiel vertriebsinterner Kommunikationsstrukturen eines Investitionsgüterherstellers

Der Informationsfluß von oben nach unten oder von links nach rechts ist zwar meistens systematisiert, aber die Inhalte haben oft nur Abwicklungscharakter und enthalten kaum verkäuferische oder strategische Aspekte. Ich habe nur sehr selten erlebt, daß die Hintergründe (Einwände, Argumente, kundenspezifische Situationseinschätzungen), die den Zentralabsprachen zugrunde liegen, auch den regionalen Verkäufern mitgeteilt wurden. Das gleiche gilt für kundenspezifische Abgrenzungen zu Wettbewerbern oder für die Herausstellung bestimmter Einsatz-/Verwendungssituationen.

Genauso schwierig ist die Informationsvermittlung in umgekehrter Richtung. Dieser Informationsweg ist oft von der Eigeninitiative der regionalen Verkäufer abhängig. Die wenigsten Key-Account-Manager haben wirklich

Die fünf Schritte zur Strategieumsetzung im Vertrieb

genaue Kenntnisse über die Situationen in den regionalen Niederlassungen der Kunden. Natürlich sind die Umsatzzahlen bekannt, aber höchstens Preisspiegel werden noch gelegentlich erhoben. Ob die Produkte wirklich strategiekonform verwendet bzw. plaziert werden, bleibt vielfach im Dunkeln und die Gründe für die fehlende Umsetzung erst recht.

 Noch undurchsichtiger wird die Situation bei indirekten Verkaufsfunktionen. Der Innen- und Kundendienst haben oft keine strategischen Ziele wie die Forcierung bestimmter Produkte oder Kundengruppen. Es gibt in der Regel auch kein Reportingsystem mit dem die Kollegen über Situationen und Reaktionen von Kunden informiert werden. Lediglich bei besonders fortschrittlichen Unternehmen werden Parameter der Kundenzufriedenheit (z. B. Reaktionszeiten) vorgegeben und der Zielerreichungsgrad gemessen.

FOKUS

1. **Structure Follows Strategy.** Die Organisationsstruktur und Aufgabenverteilung in der Vertriebsmannschaft muß überprüft und so angepaßt werden, daß die aus der Strategie abgeleiteten Vertriebsziele auch erfüllt werden können.

2. Strategische Zielsetzungen gibt es oft nur für Key Account Manager oder Verkäufer. Es sollten aber alle Vertriebsfunktionen Vertriebs- bzw. Positionierungsziele erhalten.

3. Auch die vertriebsinternen Kommunikationsstrukturen müssen den Anforderungen angepaßt und mit Leben gefüllt werden.

3. Allgemeine Steuerungssysteme zur Strategieumsetzung

Neben den Vertriebszielen, die zweifellos bereits eine sehr starke Steuerungsfunktion beinhalten, müssen in der Regel weitere Instrumente eingesetzt werden, um die Vertriebsarbeit permanent auf Strategiekurs zu halten. Es sind Berichts- und Reportingsysteme, die die Zielerreichung und – noch wichtiger – die Aktivitätsdurchführung der Verkäufer widerspiegeln (vgl. Abb. 29). Zu den Steuerungssystemen gehören auch variable Entlohnungs-

3. Schritt: Die strategiekonforme Gestaltung der Vertriebskonzeption

systeme, Beurteilungssysteme und die Aus- und Weiterbildung. Die Steuerungssysteme sind die Profilsohlen der strategischen Laufschuhe. Sie sorgen dafür, daß die Strategie nicht abrutscht und geben einen festen Halt.

Mit diesen Steuerungssystemen soll aber nicht nur die Arbeit in Richtung Strategie gelenkt, sondern es soll durch ihren gezielten Einsatz bei den Vertriebsmitarbeitern auch ein möglichst hohes Energiepotential für die anstehenden Umsetzungsarbeiten freigesetzt werden. Da die Strategieumsetzung fast immer erhebliche Verhaltensänderungen verlangt, kann die Motivation, die Leistungsbereitschaft der Mitarbeiter, gar nicht hoch genug sein.

In dieser Phase des Umsetzungsprozesses der Strategie gibt es übrigens keine direkten Schnittstellen zwischen Vertrieb und Marketing. Jeder Marketing- und Produktmanager sollte aber die Inhalte der wesentlichen Steuerungselemente kennen, da sie viele Verhaltensweisen und Reaktionen der Verkäufer erklären. Die Ausgestaltung der Instrumente selbst ist eine vertriebsinterne Aufgabe. Die Führungskräfte werden dabei ihre Verkäufer, je nach praktiziertem Führungsstil, mehr oder weniger stark einbeziehen.

3.1. Variable Entlohnungssysteme

Die erste Frage, die sich nach der Festlegung der Vertriebsziele und der Aufgaben- und Verantwortungsbereiche stellt, ist die nach der Honorierung der Zielerreichung. Laut der Kienbaum-Studie »Außendienstvergütung 94« erhalten immerhin 72% aller Außendienstverkäufer erfolgsabhängige Gehaltsbestandteile und auch noch bei 20% der Service- und Kundendiensttechniker ist ein Teil der Bezüge variabel. Der variable Anteil liegt bei den Verkäufern im Durchschnitt bei ca. 30% der Gesamtbezüge, so daß durchaus von einer erheblichen Steuerungswirkung gesprochen werden kann. Vor dem Hintergrund zunehmender Selbständigkeit, flacherer Hierarchien und verstärkter Teamarbeit wird der Anteil der erfolgsabhängig bezahlten Vertriebsmitarbeiter in Zukunft wahrscheinlich noch deutlich zunehmen.

Der kritische Punkt bei der Gestaltung variabler Entlohnungssysteme ist allerdings die Definition der Bemessungsgrundlagen. **Nur die differenzierten Vertriebsziele sind dabei der Maßstab.** Werden nicht ihre Erfüllung bzw. der Weg dorthin, sondern andere Verkäuferleistungen honoriert, so werden die Vertriebsziele unterlaufen und verlieren ihre Steuerungswirkung. Provisionen und Prämien werfen dann der Strategie förmlich Knüppel zwischen die Beine.

Leider werden Bemessungsgrundlagen von Betriebsräten und Gewerkschaften schnell als Besitzstand angesehen und sind oft in Arbeits- und Tarifverträgen festgeschrieben. Da sich aber Marktentwicklungen und darauf abgestimmte Strategien nicht festschreiben lassen, klaffen nach einiger Zeit bei manchen Provisionssystemen erhebliche Lücken zwischen Steuerungsanspruch und Realität.

Die Liste der konzeptionellen Fehler läßt sich nahezu beliebig lang fortsetzen. Manchmal wird versucht, ein sehr gerechtes System zu konzipieren, das möglichst jeden kleinen Schritt in Richtung Ziel honoriert. Ein Großteil davon sind Normalleistungen, die keinerlei besonderen Einsatz der Verkäufer erfordern. Wenn das Ziel 200 ist und der Verkäufer bekommt schon für 50 einen Teil der Prämie/Provision, so hat das mit Strategieumsetzung nicht viel zu tun.

Es kommt auch immer noch vor, daß Mitarbeiter für Ergebnisse bezahlt werden, die sie nicht oder nur sehr indirekt beeinflussen können. Eine Prämie, die sich nach dem Unternehmensgewinn richtet, sorgt natürlich dafür, daß bei fehlenden Gewinnen die Einkommen der Mitarbeiter nicht in den Himmel wachsen, sondern gegebenenfalls sinken. Sie übt aber dafür in der Praxis auch kaum eine Steuerungswirkung aus, weil der Vertrieb viele Komponenten, die für den Gewinn entscheidend sind, gar nicht beeinflussen kann.

Es werden darüber hinaus nur selten qualitative Zielsetzungen wie Servicegrade oder Kennziffern der Kundenzufriedenheit als Bemessungsgrundlage ausgewählt, obwohl die Erfüllung dieser Ziele teilweise essentiell für den Strategieerfolg ist. Heutzutage gilt auch nicht mehr die Ausrede, daß solche Vorgaben nur schwer meßbar sind. Im Zweifelsfalle ist alles, was wichtig ist, auch meßbar. Gute Marktforschungsinstitute können hier viele Problemlösungen mit einer hohen Genauigkeit anbieten. Aber auch die entscheidenden quantitativen Kriterien werden häufig nicht ausreichend berücksichtigt. Nach der Kienbaum-Studie dominieren in 82% aller Provisionssysteme Umsatzgrößen als Zielsetzungen. Der Deckungsbeitrag oder die Anzahl Neukunden werden wesentlich seltener eingesetzt und qualitative Kriterien spielen praktisch keine Rolle.

Die Geschäftsführer Verkauf und Marketing eines international führenden Markenartikelherstellers waren stolz auf ihre ausgereifte Marketing- und Vertriebsarbeit sowie die gute Verzahnung zwischen den beiden Abteilungen. Trotzdem mußten sie bei einem Beratungsgespräch zähneknirschend einen grundlegenden Fehler eingestehen. Die Key-Account-Manager wurden zwar nach der Erreichung bestimmter Kundenumsatzziele bezahlt, aber es spielte, abgesehen von Prämien für Neuprodukteinführungen, keine Rolle mit welchen Produkten sie diese Ziele erreichten. Es gab natürlich in der Marketingstrategie differenzierte Produktziele, nur tauchten sie im Entloh-

3. Schritt: Die strategiekonforme Gestaltung der Vertriebskonzeption

nungssystem des Vertriebs nicht mehr auf. Kein Wunder, daß auch in diesem Unternehmen immer wieder der schlechte Umsetzungsgrad von Strategien beklagt wurde.

Es sollten aber auch eher ungewöhnliche Ansätze bei den Bemessungskriterien berücksichtigt werden. Bei einer sehr langen Sales-Lead-Time kann es z. B. nötig sein, den Prozeß der Zielerreichung in Meilensteine zu zerlegen und Zwischenziele zu bilden. Da der Vertrieb Ergebnisse nur über Aktivitäten beeinflussen kann, sollte auch das Erreichen solcher Meilensteine bzw. die Honorierung bestimmter Aktivitätsvolumen kein Tabu sein. Mühe allein lohnt zwar nicht, aber gerade bei schwer greifbaren Zielen mit einem unsicheren Zeithorizont können Aktivitäten, die die Funktion von Meilensteinen haben, eine sehr sinnvolle Bemessungsgrundlage sein.

Viele Manager hoffen übrigens, mit einem variablen Entlohnungssystem auch die Leistungsbereitschaft der Verkäufer zu erhöhen und sehen es unter sehr starken Belohnungs- und Motivationsaspekten. Aber nicht nur in Sprengers Bestseller »Mythos Motivation« wurde diese Hoffnung deutlich als Illusion entlarvt. Seit den Herzberg-Untersuchungen ist hinlänglich bekannt, daß gerade das Einkommen nicht unbedingt zu den langfristigen Motivatoren gehört. Die Führungs- und Motivationsexperten sind sich weitgehend einig, daß eine sogenannte intrinsische Motivation, das ist eine Bedürfnisbefriedigung durch die Tätigkeit selbst (Leistungserlebnis, Sinnhaftigkeit der Arbeit, Erfolgserlebnisse bei der Arbeit, Gestaltungsfreiräume etc.), erheblich mehr Leistungsbereitschaft für die Erfüllung der Unternehmensziele erzeugt, als eine sogenannte extrinsische Motivation. Bei letzterer Form der Motivation stehen vor allem die Folgen der Arbeit (Gehalt, äußerer Status, private Vergünstigungen, etc.) im Vordergrund.

Viele Vorgesetzte haben daher auch schon die leidvolle Erfahrung gemacht, daß maximale Provisionen in kürzester Zeit als Normalprovisionen angesehen werden und daß die Nichterreichung dann sogar einen demotivierenden Aspekt haben kann.

Natürlich sollten auch die bestehenden **Stärken und Schwächen der Verkäufer** bei der Konzeption eines strategieumsetzenden Entlohnungssystems berücksichtigt werden. Es macht meist wenig Sinn, bereits vorhandene Verhaltensweisen und Zielorientierungen genauso stark zu honorieren, wie diejenigen, die erst noch neu entwickelt werden müssen. Variable Entlohnungssysteme sollten an den jeweiligen Engpässen der Vertriebsmannschaften ansetzen. Ein Beispiel:

Für das Gelingen einer Strategie kommt es darauf an, 3 Kundengruppen

Die fünf Schritte zur Strategieumsetzung im Vertrieb

gleichgewichtig zu berücksichtigen. Die ersten beiden Kundengruppen entwickeln sich bereits seit längerer Zeit recht gut, nur bei der dritten Kundengruppe stellen sich kaum Erfolge ein. Die Ansprechpartner dort sind relativ unbekannt und es bestehen bei diesen gewachsene Geschäftsbeziehungen zu Wettbewerbern.

Fall A: Der Umsatz mit allen Kundengruppen wird im Entlohnungssystem gleich stark (je 33%) bewertet. Es besteht dann die Gefahr, daß der Umsatz mit den beiden ersten Kundengruppen überproportional gesteigert wird, um die fehlende Zielerreichung bei der dritten Kundengruppe auszugleichen. Aber selbst wenn die Überschreitung eines bestimmen Maximalumsatz nicht mehr honoriert wird, ist diese Vorgehensweise nicht zu empfehlen. Die Folgen wären kontraproduktiv. Es soll ja nicht ein hoher Umsatz verhindert, sondern nur eine bestimmtes Verhältnis der Kunden untereinander eingehalten werden.

Ganz anders im Fall B: Die strategische Ausgangslage ist gleich, aber auf den Umsatz mit den ersten beiden Kundengruppen entfallen nur jeweils 20% der Provisionen statt 33%. Auf die dritte dagegen 60% statt 33%. Die Wahrscheinlichkeit, daß die Konzentration auf die kritische, dritte Kundengruppe steigt, ist erheblich höher als im Fall A und die negativen Effekte werden weitgehend vermieden.

Prüfpunkte zu den Bemessungsgrundlagen	Ja	Nein	Maßnahmen
Wird die Erreichung von differenzierten Vertriebszielen honoriert?			
Werden auch qualitative Ziele wie Servicegrad, Kundenzufriedenheit, Image berücksichtigt?			
Werden alle Vertriebsziele berücksichtigt?			
Wird auch die Aktivitätsdurchführung und das Erreichen von Zwischenzielen, Meilensteinen honoriert?			
Werden Provisionen/Prämien erst ab einem bestimmten Zielerreichungsgrad bezahlt und nicht für Normalleistungen?			
Wird nach der Schwierigkeit der Zielerreichung unterschieden?			
Können die Bemessungsgrundlagen an Strategieänderungen angepaßt werden?			

Checkliste 11: Wie geeignet ist Ihr variables Entlohnungssystem zur Strategieumsetzung?

3. Schritt: Die strategiekonforme Gestaltung der Vertriebskonzeption

Natürlich müssen bei der Konzeption von Entlohnungssystemen noch mehr Aspekte berücksichtigt werden, die aber nicht direkt mit der Strategieumsetzung verbunden sind (vgl. Checkliste 11).

> **FOKUS**
>
> 1. **Nutzen Sie unbedingt die Steuerungswirkung von variablen Entlohnungssystemen für die Unterstützung der Strategieumsetzung bzw. für die Realisierung der differenzierten Vertriebsziele. Vertrauen Sie nicht zu sehr auf deren Motivationswirkung, die ohnehin nicht lange anhalten wird.**
>
> 2. **Entscheidend für die Wirkung von Provisionen, Prämien und Incentives ist nicht nur deren Höhe. Mindestens ebenso wichtig ist die Auswahl der Bemessungsgrößen, mit deren Erfüllung die Honorierung verbunden ist. Es geht dabei nicht nur um möglichst hohe Umsätze oder kurzfristige Erfolge, sondern vor allem um die passende strategische Ausrichtung. Haben Sie Mut zu kreativen Ansätzen.**
>
> 3. **Wichtig ist die Flexibilität von variablen Entlohnungssystemen. Sie dürfen nicht Besitzstand werden und müssen sich an neue Marktsituationen und Strategien anpassen lassen. Das gilt sowohl für die Höhe der Provisionen als auch für die Art der Bemessungsgrundlagen.**

3.2. Beurteilungssysteme

Die variablen Bestandteile des Einkommens sollen durch finanzielle Belohnungen die Arbeitsquantität und die Arbeitsrichtung der Vertriebsmitarbeiter beeinflussen. Um auch Einfluß auf die Arbeitsqualität zu nehmen, müssen wir als weiteres Steuerungsinstrument Beurteilungssysteme einsetzen.

Die fünf Schritte zur Strategieumsetzung im Vertrieb

 Beurteilungen verdeutlichen zunächst das Erreichen und Verfehlen von Leistungsstandards. Es werden zwar überall Beurteilungen vorgenommen, aber meistens nur mündlich und unsystematisch. Viele Unternehmen haben sogar gar kein offizielles, schriftlich fixiertes System. Mündliche Beurteilungen sind aber für die Betroffenen nur schwer nachvollziehbar. Mit einem schriftlichen Anforderungsprofil ist es für die Verkäufer dagegen erheblich einfacher, ihr Verhalten gezielt zu verbessern.

Aber selbst wenn ein Beurteilungssystem vorliegt, ist es in vielen Fällen mit dem Betriebsrat abgestimmt und festgeschrieben, und die Beurteilungskriterien können dann nicht mehr an die jeweilige Unternehmensstrategie angepaßt werden. Wie bei fast allen Steuerungsinstrumenten liegt auch hier wieder das Hauptübel in der statischen Handhabung und in der Abhängigkeit von persönlichen Einschätzungen. Auch Vorgesetzte erliegen schnell der Versuchung, einen Mitarbeiter, der so ist wie sie selbst, besonders gut zu beurteilen.

Gelingt es dagegen, die Beurteilungskriterien nicht nur nach dem persönlichen Gutdünken der Vorgesetzten zu definieren, sondern auf die Strategie abzustimmen, ist man der Umsetzung schon wieder einen Schritt näher gekommen.

Es ist nicht nur das Lernen eines strategiekonformen Verhaltens, das durch ein Beurteilungssystem gefördert wird. Es kann, wenn es richtig eingesetzt wird, auch einen erheblichen Beitrag zum Aufbau einer intrinsischen Motivation für die Strategieumsetzung leisten. Durch Beurteilungen wird Anerkennung erlebt und Voraussetzungen für Karrieren werden transparent und greifbar.

Doch wie sollte nun ein Beurteilungssystem für den Vertrieb, das die Strategieumsetzung fördert, aussehen?

Im **ersten Schritt** geht es um die Beurteilungskriterien (vgl. Abb. 42). Sie orientieren sich an den Aufgabenstellungen des Vertriebs bzw. der Funktion des Verkäufers. Die Basis dafür ist das QRQ-Modell (vgl. Abb. 24).

Da nicht die Ergebnisse, sondern nur die Aktivitäten eines Vertriebsmitarbeiters direkt beeinflußt werden können, sollten sich die Beurteilungskriterien auch nur auf diese Aktivitäten beziehen. Es wäre wegen der zahlreichen anderen Einflußfaktoren fatal, wenn die Gesamtbeurteilung der Leistung eines Mitarbeiters ausschließlich an die erreichten Ergebnisse gebunden wäre. Entlohnungssysteme und informelle Gruppennormen berücksichtigen Ergebnisse erfahrungsgemäß bereits ausreichend stark.

Im **zweiten Schritt** müssen eindeutige Abstufungen zwischen einem sehr guten und einem sehr schlechten Verhalten definiert werden. Sonst wird die gleiche Leistung von einem Vorgesetzten als gut und von einem anderen

3. Schritt: Die strategiekonforme Gestaltung der Vertriebskonzeption

Beurteilungskriterien	sehr gut				sehr schlecht
	5	4	3	2	1
Branchenwissen über					
• Stärken/Schwächen Wettbewerber	alle, auch filigrane Unterschiede	alle wichtigen	meistens	nur wenige/lückenhaft	fast nicht bekannt
• vergangene Entwicklungen	alle, einschließlich Details	alle wichtigen	meistens	nur wenige/lückenhaft	nicht bewußt erlebt
• Einschätzung Zukunft	immer richtig	weitgehend richtig	meist richtig	unsicher bei Einschätzung	nimmt keine Einschätzung vor
Kundenwissen über					
• Potentiale	alle Kunden und Nicht-Kunden	aller wichtigen Kd. und Nicht-Kd.	nur potentielle eigene Kunden	der meisten eigenen Kunden	nur selten bekannt
• Absatz-/Verarbeitungssituation	alle wichtigen, einschließlich Details	alle wichtigen	die meisten wichtigen	nur wenige/lückenhaft	kaum bekannt
• Entscheider/E.-Zeitpunkte	alle	alle wichtigen	meistens	nur wenige/lückenhaft	kaum bekannt
• Anforderungskriterien	alle	alle wichtigen	meistens	nur wenige/lückenhaft	kaum bekannt
Produktwissen über					
• Leistungseigenschaften	sehr hohe Intensität/Breite auch privat/Freizeit	fast alle	alle USP´s	die meisten	nur wenige
• Konstruktionsdetails	perfekt abgestimmter Einsatz	alle wichtigen	die meisten	nur wenige/lückenhaft	kaum bekannt
• Anwendung/Verwendung	nutzt jede sinnvolle Gelegenheit	dem Kunden deutlich überlegen	entspricht Kundenniveau	entspricht nicht immer Kundenniveau	deutlich unter Kundenniveau
Arbeitssystematik, Gebietsmanagement					
• Information, Analyse	perfekt (mit wenig Aufwand)	sehr gut (mit Aufwand)	gut (etwas zuviel Aufwand)	nicht regelmäßig	sehr selten
• Planung	sehr gut, schriftlich	gut, schriftlich	gut, nicht immer schriftlich	vorhanden, im Kopf	kaum vorhanden
• Flexibilität	optimiert ständig	ändert wenn nötig	ändert, wenn unbedingt nötig	ändert ungern	keine Änderungsbereitschaft
Arbeitsquantität					
• persönliche Kundenkontakte	sehr hohe Intensität/Breite auch Privat/Freizeit	hohe Intensität/Breite selten Privat/Freizeit	meistens gute Intensität/Breite	nicht immer ausreichend	Intensität und Breite zu gering
• Telefon, Schriftverkehr	perfekt abgestimmter Einsatz	wird gezielt eingesetzt	wird manchmal eingesetzt	wird relativ wenig eingesetzt	wird praktisch nicht eingesetzt
• Demonstrationen, Vorführungen	nutzt jede sinnvolle Gelegenheit	wird meistens eingesetzt	wird manchmal eingesetzt	müßte intensiver erfolgen	Einsatz nur in Ausnahmefällen
Arbeitsrichtung					
• Umsetzung Kundenschwerpunkte	nach Ziel, perfekte Anpassung Gebiet	nach Ziel, wenig eigene Analyse	erfüllt meistens Ziele	hält an besteh. Schwerpunkten fest	keine Schwerpunkte, fremdbestimmt
• Umsetzung Produktschwerpunkte	nach Ziel, perfekte Anpassung Gebiet	nach Ziel, wenig eigene Analyse	meistens nach Ziel	wird nur selten versucht	reagiert nur
• Ansprechpartner beim Kunden	bewußte Auswahl nach Kd.-Situation	fast immer richtig	bei Standards richtig	meist keine bewußte Auswahl	vom Zufall abhängig
• zeitliche Verteilung der Kd.-Kontakte	perfektes Timing	fast immer richtig	bei Standards richtig	auch bei Standards Fehler	keine bewußte Berücksichtigung

Abb. 42: Beispiel für ein Beurteilungssystem zur Strategieumsetzung im Vertrieb

Vorgesetzten als durchschnittlich beurteilt. Über die Anzahl der Abstufungen und die Bezeichnungen streiten sich die Gelehrten. Wichtig ist, daß es genug Abstufungen gibt, um Leistungen wirklich individuell einzuschätzen. Die Maximalwerte sollten, ohne Berücksichtigung der einzelnen Stel-

Die fünf Schritte zur Strategieumsetzung im Vertrieb

	5	4	3	2	1
Menschenkenntnis	absolut sichere Einschätzung	gute Typerkennung	Aufnahme der wesentlichen Eigenschaften	manchmal Einschätzungsfehler	kaum bewußte Aufnahme von Eigenschaften
Kontaktfähigkeit	in allen Situationen und bei allen Personen, sehr hohe Initiative	in allen Situationen und bei den meisten Personen, gute Initiative	nicht immer sicher, sucht nicht unbedingt Kontakt, ausreichende Initiative	häufig unsicher, situations- und personenabhängig, vermeidet teilweise neue Kontakte	unbeholfen, meidet unbekannte Personen
Kommunikationsfähigkeit verbal	fesselt Zuhörer, hört selbst sehr gut zu, gibt und fordert Rückkoppelung	gute Präsentation, hört meistens zu und ist dialogorientiert	gute Präsentation, hört aber nicht immer zu, dominiert gelegentlich oder ist zu schweigsam	durchschnittliche Präsentation, zu viele Redeanteile, hört wenig zu, schwacher Dialogaufbau	hat erhebliche Schwierigkeiten sich auszudrücken und Kundenreaktionen aufzunehmen
schriftlich	perfekter schriftlicher Ausdruck	überzeugende Darstellung/Aufbau	kann sich ausdrücken	ist nicht immer griffig, prägnant	holpriger Ausdruck
Bedarfsanalyse, Empathie	sucht systematisch vorhandene Bedarfssituationen und baut Bedarf gezielt auf	sucht systematisch Bedarf, nutzt auch kleine Hinweise	geht richtig, aber zu schematisch vor, erkennt nicht immer Bedarf	stellt wenig Fragen, behauptet mehr, hat häufig Schwierigkeiten einen passenden Bedarf zu finden	stellt direkt Produkte vor, ohne Bedarfsanalyse
Argumentationsfähigkeit	sehr hohe Überzeugungskraft und Nutzung aller Hilfsmittel, Nutzen und Kundenanforderung	starke Überzeugungskraft und Nutzung der wichtigen Hilfsmittel, stellt Nutzen dar	setzt Überzeugungskraft ein, nutzt Hilfsmittel, stellt nicht immer Nutzen dar	ist nicht immer überzeugend, setzt nur selten Hilfsmittel ein, stellt oft Merkmale und nicht Nutzen dar	arbeitet ohne Argumentationsunterstützung, stellt nur Merkmale dar, kein Bezug zu Kundenanforderungen
Einwandbehandlung	Nutzt Einwände als Verkaufshilfen	Kann Einwände ohne Polarisierung entkräften	Beantwortet Einwände sicher	kann nicht jeden Einwand beantworten, will oft recht behalten	ist bei Einwänden sprachlos oder widerspricht dem Kunden
Verhandlungsführung	streitet nicht um Positionen, sucht Interessenausgleich, kennt alle Taktiken	Hinterfragt meistens Positionen, kennt die wichtigsten Taktiken	versucht manchmal Positionen durchzusetzen, nicht immer kreativ und flexibel, wenig Taktik	Hinterfragt keine Positionen, macht Zugeständnisse für Atmosphäre, läßt sich austricksen	verhandelt nicht
Abschlußtechnik	sucht immer ein Ergebnis, legt weitere Schritte fest, immer hartnäckig	sucht meistens Ergebnisse/Folgeschritte, oft hartnäckig	sucht häufiger Ergebnisse, nicht immer hartnäckig	sucht selten Ergebnisse, spricht aber meistens weitere Schritte an	Überläßt die Initiative zum Abschluß dem Kunden
	5	4	3	2	1
Kommunikationsverhalten intern	sucht und gibt Informationen, auch gegen Widerstände	sucht und gibt Informationen aus eigener Initiative	sucht selbständig, gibt immer Informationen auf Anforderung	sucht und gibt nur unregelmäßig Informationen	sucht und gibt trotz Aufforderung keine Informationen
Teamverhalten	Fordert das Arbeitsergebnis sehr stark, kann moderieren	leistet wertvolle Beiträge, hinterfragt, kann sich gut integrieren	leistet meistens Beiträge, braucht aber Anleitung	bringt Beiträge mit hoher Eigenprofilierung	kapselt sich ab, ist mehr Einzelkämpfer, kann sich nicht integrieren

lenanforderungen, die beste und die schlechteste denkbare Leistung beschreiben.

Der **dritte Schritt** ist das Identifizieren von Verhaltensweisen, die für die Strategieumsetzung besonders wichtig sind (vgl. Abb. 43).

3. Schritt: Die strategiekonforme Gestaltung der Vertriebskonzeption

Beispielhafte Strategieziele/ Vertriebszielsetzungen	Beispiele für damit verbundene, überdurchschnittliche oder neue Anforderungen an die Arbeitsqualität im Vertrieb
Verkauf von bekannten/bestehenden Produkten an bestehende Kunden	Kundenbindung, -pflege Durchverkauf und Absatzförderung
Verkauf von neuen Produkten an bestehende Kunden	Bedarfsanalyse, -aufbau Gesprächssteuerung und -lenkung Produkt- und Anwendungskompetenz Abschlußtechnik
Verkauf von bestehenden/bekannten Produkten an neue Kunden (-gruppen)	(Branchenkompetenz) Gebietsanalysen, Prioritätssetzung Kontaktaufbau Bedarfsanalyse, -aufbau Gesprächssteuerung und -lenkung Abschlußtechnik
Verkauf von neuen Produkten an neue Kunden (-gruppen)	(Branchenkompetenz) Gebietsanalysen, Prioritätssetzung Kontaktaufbau Bedarfsanalyse, Aufbau Gesprächssteuerung und -lenkung Produkt- und Anwendungskompetenz Abschlußtechnik
Durchsetzung eines bestimmten Preisniveaus	Preisverkaufstechnik Verhandlungstechnik
Begrenzung von Kundenverlusten, Erhöhung der Kundenzufriedenheit, -bindung	Kontaktintensivierung Ausweitung der Kontaktebenen Beziehungsmanagement, Sympathieaufbau Beschwerdemanagement
Positionierungsänderungen, stärkere Herausstellung bestimmter Leistungsbestandteile	Einsatzsituationen der Kunden Bedarfslenkung Präsentationstechnik Argumentationstechnik

Abb. 43: Qualitative Anforderungen an die Vertriebsarbeit im Rahmen der Strategieumsetzung

Der **vierte und letzte Schritt** ist das Definieren eines Soll-Profils für die betreffende Tätigkeit und eventuell eines Mindestprofils als Einstellungsvoraussetzung. In dem Soll-Profil werden neben den allgemeinen Stellenanforderungen auch die Anforderungen für die Strategieumsetzung berücksichtigt. Es sollte aber auf keinen Fall nur Maximalwerte umfassen. Mit dem Begriff »Soll« wird lediglich das Leistungsniveau beschrieben, das für eine gute Ausführung der Tätigkeit nötig ist und von ca. zwei Dritteln der Vertriebsmitarbeiter auch erreicht werden kann. Für einen Verkäufer ist es z. B. normalerweise nicht erforderlich, maximale Konstruktionskenntnisse zu haben. Würde das Soll-Profil nur Höchstwerte beinhalten, gäbe es auch in Zukunft keinen Spielraum mehr, um das Profil an eine neue Strategie anzupassen. In der Abbildung 42 (s. S. 107) ist ein Beispiel für ein Soll-Profil grau unterlegt.

FOKUS

1. **Beurteilungssysteme sind Steuerungs- und Motivationsinstrumente für das Umsetzen einer Strategie. Sie verdeutlichen die Änderung/Entwicklung wesentlicher Leistungsanforderungen und machen so Erfolge direkter erlebbar.**

2. **Jedes Unternehmen, das Strategien umsetzen will, braucht ein schriftliches Beurteilungssystem für den Vertrieb.**

3. **Die Leistungsanforderungen müssen auf das Umsetzen der Strategie abgestimmt und in ein Soll-Profil integriert werden.**

3.3. Die Aus- und Weiterbildung der Vertriebsmitarbeiter

Nachdem die Ziele definiert und über das Entlohnungs- und Beurteilungssystem Anreize zur Zielerreichung gesetzt wurden, muß nun die Qualifikation der Mitarbeiter überprüft und gegebenenfalls ausgebaut werden. Die Strategie kann nur richtig laufen, wenn die Muskeln entsprechend ausgebildet und trainiert sind.

In der Theorie hört sich das auch ganz einfach an: Anhand des Beurteilungssystems wird ein Soll- und Ist-Profil für jeden Vertriebsmitarbeiter erstellt und anschließend der strategiespezifische Qualifizierungsbedarf abgeleitet.

Tatsächlich wird aber nur selten so systematisch vorgegangen. Wenn überhaupt, ist Weiterbildung meist nur in großen Unternehmen institutionalisiert.

3. Schritt: Die strategiekonforme Gestaltung der Vertriebskonzeption

Dort wird sie leider auch im negativen Sinne schnell zu einer Institution, die losgelöst von der Strategie arbeitet. Weiterbildung untersteht der Personalabteilung und wird häufig nur »verwaltet«. Viele Personalentwickler wollen qualifizieren und nicht die aktuellen Marktprobleme bewältigen oder einen Teil zur Strategieumsetzung beitragen. Weiterbildungsangebote lesen sich deshalb wie ein Versandhauskatalog und der Englischkurs für Auszubildende steht gleichgewichtig neben dem Seminar für die Verhandlungsführung mit Key-Accounts. Mitarbeiter können dann auf einem Wunschzettel die aus ihrer Sicht interessanten Qualifizierungsangebote ankreuzen. Auch wenn das in Abstimmung mit dem Vorgesetzten geschieht, kann die aktuelle Unternehmensstrategie dabei kaum explizit berücksichtigt werden.

Es ist sicher richtig, für ein einheitliches und abgestimmtes Ausbildungsniveau zu sorgen; speziell im Vertriebsbereich, wo es keine allgemeingültige und anerkannte Berufsausbildung gibt. Bei der Qualifizierung für die Strategieumsetzung gelten allerdings andere Regeln. Fortschrittliche Personalchefs, die nicht irgendwann dem Rotstift der Lean-Manager zum Opfer fallen wollen, haben das erkannt.

Während **Defizite im Basis-Know-How mit traditionellen Seminaren** beseitigt werden können, konzentriert sich die Ausbildung zur **Strategieumsetzung auf spezielle Workshops**. In traditionellen Standard-Seminaren lernen die Vertriebsmitarbeiter beispielsweise wie eine Bedarfsanalyse erstellt oder wie argumentiert wird. In **Umsetzungs-Workshops** werden dagegen z. B. ein exakter Fahrplan für die Bedarfsanalyse bei den strategisch wichtigen Kunden und konkrete Argumentationskataloge für die strategisch wichtigen Produkte erarbeitet. Ein grundlegendes verkäuferisches Leistungsniveau wird dabei bereits vorausgesetzt. Die Themen der Workshops richten sich ausschließlich nach den strategischen Schwerpunkten und ändern sich damit auch von Jahr zu Jahr. Standard-Seminarangebote, charismatische Trainer oder von der Verkaufspraxis weit entfernte, klassische Berater sind dafür allerdings nicht geeignet. Auch wenn sie alle das Gegenteil behaupten.

– Die Trainer haben meist keine Strategiekompetenz, weil ihnen die klassische Marketingausbildung fehlt. Sie stammen häufig selbst aus dem Verkauf. Dadurch haben sie zwar die Akzeptanz der Verkäufer, aber leider auch deren Denkweise und Verhaltensmuster. Es wird damit zwar nicht der Bock zum Gärtner gemacht, aber die Voraussetzungen für eine gezielte Strategieumsetzung sind nicht besonders gut.
– Der Berater kennt sich zwar gut in Strategien aus, hat sie eventuell sogar mitgestaltet, hat aber ansonsten die gleichen Probleme wie die Marketingmitarbeiter. Er hat kaum praktische Verkaufserfahrung auf dem Ni-

veau der Verkaufsmitarbeiter und damit hat er auch keine wirkliche Durchführungskompetenz.

Für die Leitung und Moderation von Workshops zur »Qualifikation für die Strategieumsetzung« braucht man dagegen einen Absatzexperten. Er muß eine ausreichende Kompetenz für Marketing und Vertrieb sowie die entsprechenden kommunikativen Fähigkeiten für die Leitung von Projekt- oder Arbeitsgruppen haben. Es ist dabei unwichtig, ob er aus dem eigenen Haus stammt oder ein externer Berater ist. Glücklicherweise gibt es seit einigen Jahren unternehmensinterne Ausbildungswege, in denen ganz bewußt und gleichgewichtig zwischen Marketing- und Vertriebspositionen gewechselt wird.

Nun ist bei der Qualifizierung zur Strategieumsetzung aber nicht nur das Wissen um die Vorgehensweise und Techniken entscheidend, sondern auch das Wollen und das Können. Daß es bis dahin manchmal ein langer Weg ist, verdeutlicht ein klassisches Beispiel zum Lernprozeß (vgl. Abb. 44).

Situation	Einstellung zum Lernziel	Befähigung, Wissen
kleines Kind *unbewußt unfähig*	Es weiß noch nicht, daß Autofahren nützlich ist und manchmal Spaß macht.	Es kann natürlich noch nicht Autofahren. Es besteht aber auch keine Lernbereitschaft.
Sechzehn Jahre alt *bewußt unfähig*	Autofahren scheint eine der interessantesten Tätigkeiten im ganzen Leben zu sein.	Noch immer hat man das Autofahren noch nicht gelernt (zumindest nicht offiziell). Es besteht aber eine hohe Lernbereitschaft.
direkt nach der Führerscheinprüfung *bewußt fähig*	Obwohl man glaubt, alles zu wissen und zu können, hat man im Verkehr noch viel Unsicherheiten und kaum Erfolgserlebnisse. Die Motivation ist schwankend.	Alles wird sehr bewußt ausgeführt. Manchmal verschaltet man sich oder würgt den Motor ab.
nach mehreren Monaten Fahrpraxis *unbewußt fähig*	Autofahren ist etwas Normales, Alltägliches geworden. Über die Tätigkeiten wird nicht mehr nachgedacht, sie geschehen automatisch.	Zu der rein technischen Fähigkeit kommt jetzt noch eine stärkere Berücksichtigung der Verkehrssituation. Endlich fährt man gut Auto.

Abb. 44: Der Lernprozeß am Beispiel des Autofahrens

Der gleiche Ablauf läßt sich auch auf den Erwerb von verkäuferischem Know how zur Strategieumsetzung übertragen (vgl. Abb. 45).

3. Schritt: Die strategiekonforme Gestaltung der Vertriebskonzeption

Situation des Verkäufers	Maßnahmen zur Qualifizierung	Einstellung und Motivation des Vertriebsmitarbeiters
unbewußt *unfähig*	Analyse des Ist-Profils. Vergleich mit dem Soll-Profil und identifizierung des Veränderungsbedarfs für die Strategieumsetzung.	Er hält sich für kompetent und baut auf seine jahrelange Erfahrung. Wenn es Probleme gibt, so liegen die Gründe in den zu hohen Preisen, den falschen Produkten, der zu geringen Lagerbevorratung, den Aktivitäten der Wettbewerber, der Konjunktur etc. Der Mitarbeiter setzt keine Strategie um, sondern tut was er immer getan hat.
bewußt *unfähig*	Die Marktprobleme werden aus einem anderen Blickwinkel aufgezeigt (hilfreich sind bekannte Kunden oder anerkannte Verkäufer, die die Aussagen unterstützen). Neue Ziele und Maßnahmen werden vorgestellt und die Kosequenzen für die Verkaufsarbeit erläutert. Vertrauen in die Strategie wird vermittelt.	Er beginnt langsam seine Marktbearbeitung und die Anforderungen des Marktes mit anderen Augen zu sehen. Er pendelt zwischen dem Bewußten Erleben der Defizite und dem Bewahren der heilen Welt.
bewußt *fähig*	Es werden neue Vorgehensweisen erarbeitet, Techniken und Wissen vermittelt und die Anwendung eingeübt	Im Workshop steigt die Motivation und neues Zutrauen entsteht, teilweise sogar übersteigert. In der Verkaufspraxis spürt der Vertriebs-mitarbeiter aber schnell, daß er verkrampft arbeitet, daß zwischen seinem Verhalten und seiner Persönlichkeit noch eine erhebliche Lücke klafft. Das ist die kritischste Phase. Es besteht die Gefahr der Demotivation und des Rückfalls in alte Gewohnheiten.
unbewußt *fähig*	Es wird permanent in der Praxis Hilfestellung geleistet. In weiteren Workshops werden Einzelthemen vertieft, Praxiserfahrungen ausgewertet und auch Korrekturen vorgenommen.	Es gab die ersten Erfolgserlebnisse und langsam hat der Verkäufer seinen persönlichen Stil für die Durchführung der neuen Aktivitäten gefunden. Die Strategie beginnt zu laufen. Der Vertriebsmitarbeiter konzentriert sich auf die passenden Situationen und nicht mehr ausschließlich auf sein Verhalten.

Abb. 45: Ablauf des Qualifizierungsprozesses zur Strategieumsetzung

Die fünf Schritte zur Strategieumsetzung im Vertrieb

FOKUS

1. **Auch Aus- und Weiterbildung muß unter strategieumsetzenden Gesichtspunkten gesehen werden und darf nicht nur zur grundsätzlichen Berufsqualifikation dienen.**
2. **Die Qualifizierung für die Strategieumsetzung kann nur unternehmensspezifisch erfolgen. Statt klassischer Trainer oder Berater werden dafür übergreifend ausgebildete und erfahrene Absatzspezialisten benötigt.**
3. **Die Qualifizierung muß in einen Prozeß eingebunden sein, der systematisch aufgebaut wird, sich an den notwendigen Umsetzungsaktivitäten orientiert und die grundsätzlichen Phasen des Lernens berücksichtigt.**

4. **Der Einsatz von unterstützendem Material/VKF**

Die Verkaufsförderung (VKF) gehört zu den klassischen Marketinginstrumenten und ist normalerweise der Kommunikationspolitik zugeordnet. Trotzdem sollte sie auch als ein Element der Vertriebskonzeption gesehen werden. Einige Unternehmen haben diesen Aufgabenbereich sogar aus dem Marketing herausgelöst und dafür gibt es auch gute Gründe. Viele VKF-Aktionen zielen auf die Gesprächspartner der Vertriebsmitarbeiter und müssen von den Verkäufern ein- bzw. umgesetzt werden. Es ist offensichtlich, daß Konflikte vorprogrammiert sind, wenn die Gestaltungshoheit für Verkaufsförderungsaktionen nur beim Marketing liegt. Ich selbst habe als Verkäufer erlebt, wie sich im Laufe der Zeit ganze Garagen mit VKF-Materialien, die beim besten Willen nicht einsetzbar waren, füllten. Eine Rückgabe war oft nicht möglich und hätte dem Betreffenden auch Minuspunkte bei der Beurteilung seiner verkäuferischen Eignung eingebracht. Wo liegt also das Problem?

Verkaufsförderungsaktionen sollen in der Regel einen Zusatznutzen bieten und das Produkt oder die Dienstleistung in einen besonders attraktiven Rahmen setzen. Damit solche Aktionen wirken, müssen sie relativ genau auf die

3. Schritt: Die strategiekonforme Gestaltung der Vertriebskonzeption

Erwartungshaltungen und Wertvorstellungen der Zielpersonen abgestimmt sein. Die jeweiligen Kundensituationen und teilweise auch Kunden-Vorschriften, die den Einsatz limitieren, müssen berücksichtigt werden (vgl. Abb. 46). Diese Faktoren kennen die Verkäufer natürlich oft erheblich besser als die Marketingmitarbeiter. Insbesondere gilt das beim mehrstufigen Verkauf über den Handel. Die Kompetenz für die Endverbraucher hat in diesem Fall dagegen eher Marketing.

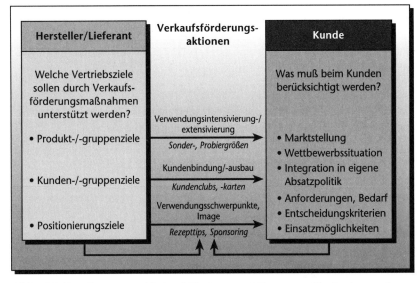

Abb. 46: Der Einsatz von Verkaufsförderungsaktionen zur Strategieumsetzung

In der Regel liegen Wunsch und Wirklichkeit jedoch weit auseinander. Der Produktmanager eines Konsumgüterherstellers möchte natürlich seine Verkaufsförderung gerne am point of sale sehen. Er weiß aber gar nicht, welche Aktivitäten die Handelsunternehmen in ihren Verkaufsräumen überhaupt noch zulassen, welche Argumente dafür eingesetzt werden müssen und welche Widerstände es dagegen gibt. In anderen Branchen werden aufwendige persönliche Event-Einladungen oft nur noch von Selbständigen angenommen, da der Bestechungsvorwurf sonst automatisch im Raum steht.

Deshalb haben einige Unternehmen die Verantwortung für VKF-Aktionen dem Vertrieb oder gesonderten Handelsmarketingabteilungen übergeben. Dadurch entstehen allerdings neue Probleme. Das häufig fehlende strategische Bewußtsein der Verkäufer führt dazu, daß viele VKF-Aktionen lediglich für die Forcierung von pauschalen Kundenumsatzzielen eingesetzt werden. So manche vom Vertrieb gesteuerte Aktion ist letztlich nichts anderes, als ein versteckter Rabatt. Solange das den Vertriebszielen entspricht, die aus der Strategie abgeleitet wurden, ist nichts dagegen zu sagen. Allerdings kommt es z. B. immer wieder vor, daß Großgebinde in Verkaufsförderungsaktionen einbezogen werden, obwohl die Strategie für diese Produkte ganz klar darauf ausgerichtet ist, neue Käuferschichten durch eine kleine Probiergröße zu gewinnen. Es ist auch keine Besonderheit, daß einem Großkunden preisgünstige Sondertypen angeboten werden, die eigentlich für die Akquisition von neuen Kunden gedacht sind. Wertvolle Werbekostenzuschüsse und Aktionsrabatte werden so verpulvert und die Strategie ist erst einmal aus dem Tritt gekommen.

Dabei brauchen nur einige Grundregeln beachtet werden, damit VKF-Maßnahmen eine Strategie nach vorne schieben (vgl. Checkliste 12).

Fast fahrlässig ist es dagegen, wenn die Kooperation von Marketing und Vertrieb bei der Konzeption von Salesfoldern und Prospekten nicht funktioniert. Schließlich muß der Vertrieb damit arbeiten und sie müssen verkaufsdidaktisch aufgebaut sein. Im Idealfall werden die Konzeptionen gemeinsam in Umsetzungs-Workshops erarbeitet.

Prüfpunkte zu VKF-Aktionen	Ja	Nein	Maßnahmen
Ist jede VKF-Aktion auf die Erreichung eines konkreten Vertriebsziels ausgerichtet?			
Wurden bei der Aktionskonzeption der Bedarf der Kunden und ihre Entscheidungskriterien berücksichtigt?			
Wurde bei der Konzeption geprüft, ob der Einsatz zu den Absatzstrategien der Kunden paßt?			
Wurde überprüft, ob keine internen Vorschriften der Kunden den Aktionseinsatz behindern?			
Wurden die Vertriebsmitarbeiter nicht nur über die Vorschriften zur Aktionsabwicklung sondern auch über die Aktionsziele informiert – schriftlich?			
Werden die Aktionsergebnisse erfaßt, ausgewertet und bei künftigen Aktionsplanungen berücksichtigt?			

Checkliste 12: Anforderungen an Verkaufsförderungsaktionen zur Strategieumsetzung

3. Schritt: Die strategiekonforme Gestaltung der Vertriebskonzeption

FOKUS

1. Alle Maßnahmen sollten gemeinsam konzipiert werden (z. B. in Umsetzungs-Workshops). Speziell bei Aktionen für Absatzmittler kann der Vertrieb häufig besser über die Aktionswirkung und -konzeption entscheiden als Marketing.

2. Wenn Verkaufsförderungsaktionen vom Vertrieb konzipiert werden, sollten allerdings klare Vorgaben gemacht werden, welchen Beitrag die einzelnen Aktionen zur Strategieumsetzung leisten sollen. VKF sollte in der Regel nicht die Funktion eines versteckten Rabatts haben.

V. 4. Schritt: Die Rolle der Führungskräfte bei der Strategieumsetzung

Mit der Erarbeitung der Vertriebskonzeption ist die Strategieumsetzung aber noch lange nicht abgeschlossen. Wir wissen jetzt zwar, welche Ziele der Vertrieb erreichen soll, wie die einzelnen Vertriebsabteilungen zusammenarbeiten sollen, wie wir die Zielerreichung beobachten, steuern, unterstützen und welche Hilfsmittel zur Verfügung stehen. Aber die wichtigste Person bei der Strategieumsetzung im Vertrieb, der Verkäufer, weiß noch nicht genau, was er tun soll. Eine Vertriebskonzeption gibt zwar einen Rahmen vor, der in der Summe der Einzelleistungen auch erfüllt werden muß. Sie kann aber nicht linear auf alle Mitarbeiter heruntergebrochen werden. Die menschlichen und sachlichen Unterschiede zwischen den Vertriebsmitarbeitern und ihren Verantwortungsgebieten sind dafür zu groß.

Stärken und Schwächen sind nicht gleichverteilt und jeder Verkäufer hat andere Prioritäten, Fähigkeiten und Vorlieben. Trotzdem müssen aber alle Umsetzungsaufgaben so auf ihre Schultern verteilt werden, daß die Vertriebskonzeption von den Vertriebsmitarbeitern auch wirklich mit Leben gefüllt wird, daß Strategien wirklich laufen lernen. Es gibt nur dummerweise (oder glücklicherweise?) keine mathematische Formel, die diese Arbeit erledigt.

Neben den personenbedingten gibt es natürlich auch sachliche Unterschiede zwischen den Verantwortungsbereichen der Vertriebsmitarbeiter. **Kundengruppen und Verkaufsbezirke lassen sich nie völlig gleichmäßig auf alle Mitarbeiter aufteilen.** Zusätzliche Unterschiede entstehen durch den Grad der derzeitigen Potentialausschöpfung oder z. B. das Verhältnis von Kunden zu Nichtkunden. Vielleicht lassen sich regionale Unterschiede von Kundenpotentialen noch berechnen oder mathematisch-statistisch einschätzen. Aber spätestens die simultane Berücksichtigung dieser Daten und von persönlichen Stärken und Schwächen überfordert jedes Computerprogramm. Diese Aufgabe werden nur Menschen, in diesem Fall Vertriebsführungskräfte erfüllen. Nur sie können individuelle Zielsetzungen formulieren und gezielt Hilfestellung leisten. Das führt dazu, daß unter Umständen nicht nur die Ziele für jeden Mitarbeiter unterschiedlich formuliert, sondern auch persönliche Zielprioritäten vereinbart werden.

Die Führungsaufgabe erstreckt sich aber nicht nur auf die individuelle Umsetzung der Vertriebskonzeption, sondern auch auf ihre Durchsetzung. Zum Wissen muß das Wollen und das Können kommen (vgl. Abb. 18).

4. Schritt: Die Rolle der Führungskräfte bei der Strategieumsetzung

1. Die Inhalte der Führungsarbeit zur Strategieumsetzung

Individuelle Zielsetzungen

Beschäftigen wir uns zunächst mit den Ergebniszielen. Kunden- und Produktzielsetzungen werden linear (keine Angst, wir korrigieren das später noch) auf die einzelnen Mitarbeiter heruntergebrochen. Berechenbare Potentialunterschiede, wie Größe oder Anzahl der Kunden, sollten dabei natürlich berücksichtigt werden.

Danach blicken wir zurück in die Vergangenheit. Nicht weil wir reaktiv sind und Vergangenheitswerte fortschreiben wollen, sondern weil wir nur so die tatsächliche Bedeutung der Zielsetzungen für den einzelnen Mitarbeiter erfassen können.

Ein Beispiel macht das deutlich (vgl. Abb. 47). Die Zielsetzung für die Produktgruppe X beträgt 1000 und das Unternehmen beschäftigt 3 Verkäufer.

	Ergebnis letzte Periode	Steigerung abs.	%	Vorläufiges Ziel nach Potential	Revidiertes Ziel nach persönlicher Einschätzung
A	230	20	8,7	250	280
B	270	80	29,6	350	380
C	200	200	100,0	400	340
	700	300	42,9	1000	1000

Abb. 47: Individuelle Berechnung der persönlichen Ziele

Erst der Vergleich mit den Vergangenheitswerten zeigt, was die Zielsetzungen tatsächlich für die Mitarbeiter bedeuten. Vielleicht ist der eine Verkäufer mit einer Steigerung von 8% unterfordert und der andere mit einer Steigerung von 100% überfordert.

Für die Entscheidung, welcher Zielwert nun der richtige ist, sollten deshalb noch weitere Faktoren berücksichtigt werden (vgl. Checkliste 13).

Sicher fallen Ihnen noch weitere Fragestellungen ein, die für Ihre Produkte oder Branche typisch sind. Bei der endgültigen Festlegung der Ziele sollten sie alle berücksichtigt werden. Nicht nur weil das gerecht ist und damit die Motivation fördert, sondern vor allem, weil nur mit realistischen persönlichen Zielen die Umsetzung einer Strategie möglich ist. Aber Vorsicht – die individuellen Ziele müssen in der Summe wieder die differenzierten Vertriebsziele aus der Vertriebskonzeption ergeben.

Die fünf Schritte zur Strategieumsetzung im Vertrieb

Prüffragen zu Produkt-/Kundenzielen	bekannt?	Maßnahmen
Können bestehende Kunden ausgebaut werden oder müssen für die Zielerreichung neue Kunden gewonnen werden? (Vorsicht kann bereits eine Strategieänderung sein!)		
Was kann der betreffende Mitarbeiter besser?		
Wie ist die bestehende Kundenstruktur im Vergleich zum Rest des Potentials? Wird derzeit mehr an kleinere oder größere Kunden verkauft, an welche Branchen?		
Gibt es aufgrund der strukturellen Unterschiede im Kundenportfolio unterschiedlich gute Chancen für Umsatzsteigerungen?		
Wie lang ist die Sales Lead Time?		
Wieviel »schwebende« Geschäfte gibt es bereits?		

Checkliste 13: Prüffragen zur Festlegung von individuellen Produkt- und Kundenzielen pro Verkäufer

Bei den Positionierungszielen, die auch qualitative Kriterien, wie Image enthalten, kann mit der gleichen Vorgehensweise gearbeitet werden. Es müssen nur wiederum die personenbezogenen Unterschiede berücksichtigt werden. Bei fast jedem Mitarbeiter gibt es Ziele, die nicht besonders forciert werden müssen. Entweder hat er ihre Bedeutung genau verstanden oder die Aktivitäten zur Zielerreichung entsprechen seinen persönlichen Neigungen. In der Praxis müssen die »ungeliebten« Ziele in ihrer Bedeutung stärker hervorgehoben werden, als die persönliche Hausmacht. Manchmal auch stärker, als es vielleicht ihrem generellen Beitrag zur Strategieumsetzung entspricht.

Etwas schwieriger wird es allerdings, die Ziele auch meßbar zu machen. Solange es sich um Preisstellungen, Reaktionszeiten, Plazierungen oder Anwendungssituationen handelt, die beeinflußt werden sollen, können Status und Ergebnisse sogar durch eigene Aufzeichnungen oder Daten festgestellt werden. Geht es dagegen um die Penetration von Informationen, Botschaften, Leistungseigenschaften beim Kunden oder um komplexere Kundenzufriedenheitskoeffizienten, so wird man die Hilfe von Marktforschungsinstituten in Anspruch nehmen müssen.

Ich weiß, das alles ist Arbeit und dazu noch eine unangenehme und schwierige. Unangenehm deshalb, weil sich Führungskräfte dabei oft nicht auf

4. Schritt: Die Rolle der Führungskräfte bei der Strategieumsetzung

Zahlen stützen können und schwierig, weil die menschliche Psyche kompliziert ist und es viele Fehlerquellen gibt.

Allerdings ist die traditionelle Vorgehensweise bei der Festlegung von Zielen, mit der Strategien eher zufällig umgesetzt werden, auf Dauer noch riskanter. Nur wenige Firmen gehen bei der Definition persönlicher Ziele so detailliert vor, wie eben beschrieben. Und selbst sehr mitarbeiterorientierte Führungskräfte, die die Fähigkeiten der Verkäufer durch individuelle Ziele fördern wollen, stellen meistens keine direkte Verbindung zwischen den persönlichen Entwicklungszielen und den Strategieanforderungen des Unternehmens her. Dabei gibt es kein verkäuferisches Ergebnis, das absolut gesehen gut ist. Weder ein besonders hoher Umsatz, noch besonders viele neue Kunden, noch ein möglichst guter Deckungsbeitrag und keine besonders hohen oder niedrigen Preisstellungen. **»Gut« ist nur die Erreichung der Vertriebsziele, die der Strategie entsprechen.**

Exkurs: Ein Beispiel aus dem Dienstleistungssektor macht das deutlich:

Ein Unternehmen, das eine Kette von Autowaschanlagen betreibt, änderte seine Strategie. Bisher wurde die Basisleistung, eine hochwertige maschinelle Autowäsche sehr serviceorientiert und mit einem all-inclusive-Konzept (der Kunde kann vor der Autowäsche aussteigen, bekommt gratis einen Kaffee während er wartet, und der Wagen wird nachher nochmals von Hand kurz abgetrocknet) zu einem sehr hohen Preis angeboten. Die Betriebe waren mit diesem Konzept erfolgreich, aber seit einiger Zeit ging die Anzahl der Kunden kontinuierlich zurück. Die Anzahl der verkauften Dienstleistungen (Heißwachs/Unterbodenwäsche), die Einnahmen pro Auto stiegen allerdings sogar an. Offensichtlich gab es zwar Kunden, die bereit waren sehr viel auszugeben, nur sie wurden immer weniger.

Daraufhin wurde die Strategie geändert. Der Basispreis für die einfache Wäsche wurde halbiert, die Kunden konnten während des Waschvorgangs nicht mehr aussteigen und der Wagen wurde nicht nachgetrocknet. Die Preise für die zusätzlichen Dienstleistungen blieben gleich und auch die Qualität selbst blieb unverändert. Das Ziel war klar. Über den niedrigeren Basispreis sollte eine wesentliche höhere Anzahl Autowäschen erreicht werden. Zusammen mit gezielten Einsparungen im Servicebereich sollten niedrigere Einnahmen pro Auto überkompensiert und der Gesamtertrag so verbessert werden. Bei der Umsetzung dieser Strategie gab es zwei völlig unterschiedliche Entwicklungen. Einige Betriebe konnten ihre Stückzahlen fast verdoppeln und erzielten deutliche Ertragssteigerungen. Andere Betriebe erhöhten zwar auch ihre Stückzahlen, allerdings

Die fünf Schritte zur Strategieumsetzung im Vertrieb

in einem viel geringeren Ausmaß. Warum waren diese Betrieb weniger erfolgreich?

Auffällig war zunächst, daß es die Betriebe waren, deren Leiter der neuen Strategie am meisten Widerstand entgegensetzten und die bisher besonders hohe Einnahmen pro Auto erzielt hatten. Typische Formulierungen im Rahmen der Diskussionen waren »**jetzt sind wir der billige Jakob**«, »**durch die niedrigen Preise verderben wir uns unser hochwertiges Image**«. Nach der Umstellung der Strategie waren in diesen Betrieben die Verluste bei den Einnahmen pro Auto erheblich geringer, als bei den anderen. Es stellte sich schließlich heraus, daß die hochpreisorientierten Niederlassungsleiter an der Einfahrt zur Waschstraße die Verkaufsbemühungen für zusätzliche Dienstleistungen erheblich verstärkt hatten. Trotz des niedrigeren Basispreises sollten so wieder die gleichen durchschnittlichen Einnahmen pro Auto erzielt werden. Das hatte zwei Folgen, die die ganze Strategie torpedierten. Wegen der längeren Verkaufsgespräche vor der Waschstraße stauten sich die Autos, potentielle Kunden drehten ab und fuhren zu Konkurrenten. Die notwendigen Anzahl der Autos konnte nicht erreicht werden. Die neuen Kunden, die aufgrund des niedrigen Preises kamen, gaben mehr Geld aus, als sie wollten und kamen nicht mehr wieder.

Für den aufmerksamen Leser wird der Fehler, den das Unternehmen bei der Strategieumsetzung im Vertrieb machte, sofort klar sein:

Anstelle des Ziels Erhöhung des Gesamtertrags hätten exakte und differenzierte Ziele für Stückzahlen und Einnahmen pro Auto aufgestellt werden müssen. Die allgemeine Erklärung der Strategie konnte das nicht ersetzen. Aus Strategiesicht ist es eben nicht egal, wie sich ein Umsatz/Ertrag zusammensetzt. Bei den Betrieben, deren Stärke bisher bei hohen Einnahmen pro Auto lag, hätte die Erreichung einer hohen Stückzahl als Zielsetzung einen ganz anderen Stellenwert erhalten müssen. Die Zielprioritäten waren falsch gesetzt bzw. wurden den Betriebsleitern überlassen. Die individuellen Situationen der Betriebe und der Faktor Mensch wurden bei der Strategieumsetzung zunächst nicht genügend berücksichtigt.

Aktivitätsplanung

Allerdings ist die Aufstellung von differenzierten Zielen und die Anpassung an die Ausgangssituation und Persönlichkeit der Verkäufer auch nur ein Teilschritt in Richtung Strategieumsetzung. Vergleicht man die Strategieimplementierung mit einem Fußballspiel, so sind wir jetzt an der Stelle, an

4. Schritt: Die Rolle der Führungskräfte bei der Strategieumsetzung

der der Trainer die Spieler auf den Pokal eingeschworen (= Vision), die Stärken und Schwächen der gegnerischen Mannschaft und seine Spielstrategie erklärt hat. Es sollte über den linken Flügel angegriffen werden und der Halbzeitstand 2:0 und der Endstand 3:0 betragen (= differenzierte Vertriebsziele). Er hat die Spielerpositionen zugeteilt und deutlich gemacht, wer aus der Mannschaft die Tore schießen sollte (= individuelle Ziele/Organisation). Jeder Fußballtrainer weiß, daß nun die eigentliche Arbeit erst anfängt. Herauszufinden, welchen Weg man gehen will (= Strategie) ist die erste Hürde, die bewältigt werden muß, damit man laufen lernt. Als nächstes müssen die Beine bewegt und ein sicherer Tritt gefunden werden. Anders ausgedrückt: Es müssen die richtigen Maßnahmen und Aktivitäten ergriffen werden.

Die Mannschaft muß die entsprechenden Spielzüge zur Umsetzung der Spielstrategie kennen und üben. Was muß z. B. jeder Einzelne konkret tun, damit die eigenen Angriffe über den linken Flügel laufen oder die gegnerischen Angriffe früh gestört werden.

Ziele und Strategien sind zunächst nicht anderes als Management By Hope. Wir haben vertriebs- und personenbezogen erklärt, was wir auf welchem Weg erreichen wollen. Natürlich hoffen wir nicht nur darauf, sondern gehen einen Schritt weiter und ermitteln die notwendigen Aktivitäten.

Den wichtigsten Grundsatz hierfür haben Sie bereits beim Thema Vertriebskapazitäten und Beurteilungen kennengelernt. Es ist das QRQ-Prinzip (vgl. Abb. 18). Die Führungsaufgabe ist es nun, nicht nur sicherzustellen, daß die Aktivitäten zur Zielerreichung von den Vertriebsmitarbeitern auch wirklich geplant und durchgeführt werden, sondern dabei Hilfestellung und Unterstützung zu leisten.

Wenn Sie wollen, daß Ihre Strategien laufen lernen, dann vergessen Sie nicht, daß auch Weltklasseläufer einen Trainer brauchen, der am Wegesrand steht, sie anfeuert und ihnen taktische Tips gibt.

Ebenso wie bei den Zielen, wird bei der Aktivitätsplanung wieder von den Werten der Vergangenheit ausgegangen. Für das Erreichen der Ergebnisse der letzten Abrechnungsperiode wurden bestimmte Aktivitäten durchgeführt. Will der Verkäufer andere Ergebnisse erreichen, so muß er, eine konstante Marktsituation unterstellt, in Zukunft andere Aktivitäten entwickeln. Tut er das Gleiche, was er im Vorjahr getan hat, wird er im Prinzip auch nur das Ergebnis des Vorjahres erreichen (vgl. Abb. 48).

Jeder von uns hat wahrscheinlich schon einmal die Erfahrung gemacht, daß es gar nicht so leicht ist, festzustellen, welche Aktivitäten für die Erreichung neuer Ziele wie verändert werden müssen. Die Fähigkeit, solche Aktivitätspläne erstellen zu können, hat eine Schlüsselfunktion für den Verkaufserfolg. Da das aber primär die Aufgabe des Verkäufers ist, werde ich Vorgehensweisen zur Aktivitätsplanung selbst auch erst im Kapitel VI.1. behandeln.

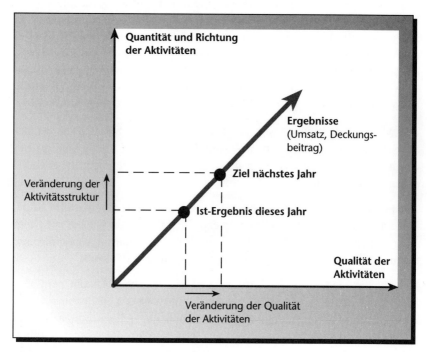

Abb. 48: Der Zusammenhang zwischen Aktivitäts- und Ergebnisveränderungen

Daß die Aktivitäten tatsächlich auf die Strategie ausgerichtet werden, ist nicht selbstverständlich. Denn neben den sachlichen Problemen müssen wir auch hier mit emotionalen Hürden kämpfen. Eine davon ist die Gewohnheit. Diese Gewohnheit ist aber keine menschliche Schwäche in Form von Trägheit, sondern ein Teil unseres Lernverhaltens. Der Mensch ist ständig auf der Suche nach Verhaltensmustern und Regeln. Das führt dazu, daß er erfolgreiche Vorgehensweisen und Aktivitätsstrukturen der Vergangenheit automatisch wieder einsetzt, auch wenn die Situation eigentlich ganz andere Aktivitäten erfordert. Nur wenigen Menschen fällt es leicht, neue Wege zu finden und zu beschreiben. Die meisten brauchen dazu die sanfte Hilfe und Motivation von anderen.

Aber selbst wenn die Aktivitätsplanung steht, sind noch nicht alle Hürden auf dem Weg zur Strategieumsetzung überwunden. Jeder wird es wahr-

4. Schritt: Die Rolle der Führungskräfte bei der Strategieumsetzung

scheinlich schon erlebt haben, daß Aktivitätspläne nur zu einem Bruchteil realisiert werden. Dafür gibt es teilweise gute Gründe, denn es ergeben sich neue Situationen und es wäre falsch, stur an alten Planungen festzuhalten. Aber es gibt auch noch eine zweite emotionale Hürde, die die Durchführung von Aktivitäten behindert. Kein Mensch sehnt sich nach Mißerfolgen, sondern im Gegenteil, er versucht sie zu vermeiden. Wenn ein Verkäufer neue Aktivitäten durchführen soll, bei denen er sich unsicher fühlt, so wird er ebenfalls versuchen, sie zu vermeiden. Gerade bei Vertriebsaktivitäten, bei zwischenmenschlichen Kontakten, ist die Angst vor Blamagen und Zurückweisung besonders hoch. Verkäufer werden den Markt plötzlich unbewußt anders interpretieren und sicher gute Gründe finden, warum sie gerade diese Aktivitäten nicht durchführen können. Das einzige Rezept gegen dieses Abwehrverhalten ist eine entsprechende Qualifikation und Ausbildung. Erst wenn die Chance auf Erfolgserlebnisse größer ist, als die Angst vor Mißerfolgen, werden Aktivitätsplanungen auch tatsächlich umgesetzt (vgl. Checkliste 8).

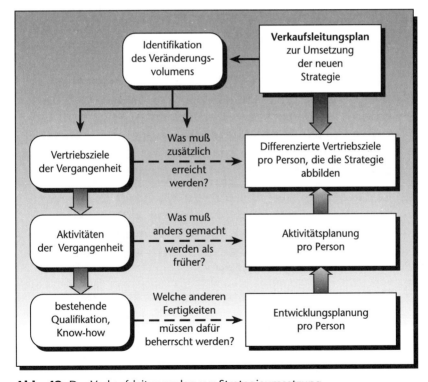

Abb. 49: Der Verkaufsleitungsplan zur Strategieumsetzung

Die fünf Schritte zur Strategieumsetzung im Vertrieb

Trotz aller Lean-Philosophien, flachen Hierarchien und Abbau von Kontrollfunktionen können wir deshalb bei der Qualifikation der Vertriebsmitarbeiter nicht auf die Führungskräfte verzichten. Viele Aktivitäten für die Realisierung einer neuen Strategie können nur umgesetzt werden, wenn sich auch die Qualität der Verkaufsarbeit verbessert, was beispielsweise durch eine Änderung in der Gesprächsführung oder in der Argumentation erfolgt. Selbst sehr kompetente Verkäufer können aber nur schwer einschätzen, wie gut ihr Qualifikationsniveau wirklich ist und was ihnen noch fehlt. Den meisten fällt es schwer, als Autodidakt neue Verhaltensweisen von selbst zu lernen.

Erst wenn diese drei Faktoren – **persönliche Ziele, Aktivitäten und Qualifikationsmaßnahmen** – für jeden Verkäufer individuell festgelegt sind, kann mit der Umsetzung der Strategie im Markt und durch die Verkäufer begonnen werden. Diese Planung nennen wir Verkaufsleitungsplan (vgl. Abb. 49, s. S. 125).

FOKUS

1. **Eine Vertriebskonzeption schafft zwar die Rahmenbedingungen für die Strategieumsetzung, personifiziert sie aber noch nicht. Die personenbezogenen Ziele können nur mit der Hilfe von Führungskräften gebildet werden. Neben dem unterschiedlichen Status der Gebiete und Verantwortungsbereiche müssen dabei auch noch persönliche Stärken und Schwächen berücksichtigt werden.**

2. **Ziele allein helfen allerdings noch nicht weiter. Die zweite Hauptaufgabe der Führungskräfte besteht darin, gemeinsam mit dem Mitarbeiter die Aktivitätsplanung auf die Zielerreichung auszurichten.**

3. **Damit die notwendigen Aktivitäten nicht nur geplant, sondern auch tatsächlich durchgeführt werden können, muß auch die Qualifikation der Mitarbeiter an die Anforderungen der Aktivitätsdurchführung angepaßt werden. Erst dann stimmen alle Voraussetzungen.**

4. Schritt: Die Rolle der Führungskräfte bei der Strategieumsetzung

2. Das Führungsverhalten und die Führungsinstrumente

Die Führungsinhalte bestimmen bereits das Führungsverhalten. Die Führungskraft muß sich über die Verkaufsergebnisse und Zielerreichungsgrade, die Aktivitätsstrukturen und den Qualifikationsstand der Mitarbeiters informieren. Notwendige Veränderungen sollten gemeinsam geplant werden. Dazu müssen grundlegende Kommunikationsregeln über Offenheit und Feedback ebenso beherrscht werden, wie die Fähigkeit, Mitarbeiter zu begeistern und für die Zielerreichung und Aktivitätsdurchführung zu motivieren.

Problematischer als es auf den ersten Blick scheint, ist dabei die Frage, wie die Qualifikationseinschätzung vorgenommen werden kann. Das Grundproblem haben wir bereits bei der Konzeption von Beurteilungssystemen angesprochen, jetzt müssen wir es lösen. Aus den Verkaufsergebnissen Rückschlüsse auf die Qualität der Arbeit ziehen zu wollen, ist kaum möglich. Es gibt zuviel andere Einflußfaktoren. Aber selbst wenn Rückschlüsse möglich wären, kann über die isolierte Betrachtung von Verkaufsergebnissen nicht ermittelt werden, in welchen Qualifikationsbereichen Leistungen gut bzw. nicht so gut sind. Damit würde aber auch die Grundlage für eine gezielte Förderung und Weiterentwicklung der Verkäufer in Richtung strategiekonformes Verhaltens fehlen.

Die einzige Möglichkeit, die Qualifikation zu erfassen, ist die Beobachtung der Vertriebsmitarbeiter bei der Arbeit. Führungskräfte machen mit Verkäufern oder Kundendiensttechnikern gemeinsame Kundenbesuche oder sitzen am Schreibtisch der Innendienstmitarbeiter und hören Telefonate mit. Während Quantität und Richtung der Aktivitäten noch über ein Berichtssystem erfaßt werden können, ist die Qualifikation nur im zwischenmenschlichen Kontakt erlebbar.

Vielleicht lehnen sich jetzt viele Führungskräfte zufrieden zurück und sagen, genau das machen wir ja. Aber mal ehrlich: **Wer begleitet wirklich nur den Verkäufer und wird dabei nicht selbst aktiv?** Ich bin mir sicher, die wenigsten. Es ist natürlich schwer sich zurückzuhalten, nichts zu sagen. Der Kunde kennt den Verkaufsleiter in vielen Fällen und sucht auch das Gespräch mit ihm. Wenn man darauf eingeht, wird auch vielleicht ein gutes Verkaufsgespräch stattfinden. Das hat dann aber der Verkaufsleiter geführt und nicht der Mitarbeiter. Das eigentliche Ziel, die Qualifikation des Mitarbeiters zu überprüfen, wird nicht erreicht. Der Kunde nutzt die seltene Gelegenheit, mit dem Chef zu sprechen und der Verkäufer ist nur noch schmückendes Beiwerk. Das muß aber nicht zwangsläufig so sein. In den meisten Fällen gelingt es, das Gespräch beim Verkäufer zu belassen, wenn

Die fünf Schritte zur Strategieumsetzung im Vertrieb

- die Führungskraft jede Frage konsequent an den Verkäufer weitergibt (*»Was meinen Sie dazu, Herr Müller?«*),
- den Blickkontakt meidet und
- bereits die Sitzordnung so wählt, daß der Verkäufer dem Kunden am nächsten ist.

Doch was ist, wenn durch das Fehlverhalten des Verkäufers möglicherweise ein Auftrag verloren geht? Sollte die Führungskraft dann eingreifen? Im Prinzip nein. Wenn der Verkäufer heute alleine unterwegs gewesen wäre, hätte er den Auftrag auch verloren. Viele Verkäufer werden nach den Rettungsmaßnahmen des Verkaufsleiters ihr eigenes Gespräch nicht als schlecht empfinden. Jeden Hinweis auf ein falsches Verhalten werden sie damit entkräften, daß sie genau das gleiche gesagt hätten wie die Führungskraft, wenn man sie nur gelassen hätte. Alle Führungskräfte sollten nicht vergessen, daß die Voraussetzung für jeden Lernerfolg die Bereitschaft zum Lernen ist. Diese Bereitschaft entsteht oft erst durch das Erlebnis, daß man noch nicht alles kann und noch nicht alles beherrscht.

Natürlich wird sich der Mitarbeiter anders verhalten, wenn er nicht von einem Vorgesetzten beobachtet wird. Er wird wahrscheinlich weniger verkrampft sein und seine eigene Persönlichkeit besser ins Gespräch einbringen können. Andererseits gewöhnt man sich an solche gemeinsamen Kundenbesuche.

Auch sollte nicht nur ein gemeinsamer Kundenkontakt die Grundlage für die Qualifikationsbeurteilung sein. Es ist sinnvoll, einen ganzen Tag mit mehreren Kontakten zu unterschiedlichen Themen/Zielsetzungen gemeinsam durchzuführen. Auf der Basis dieser Beobachtungen kann der Mitarbeiter konkrete Hilfestellungen erhalten, und es können gezielte Weiterbildungsmaßnahmen vereinbart werden. Alles andere ähnelt mehr dem Kaffeesatzlesen und wird dem Mitarbeiter kaum weiterhelfen. Entscheidend für den Erfolg solcher Vorgehensweisen zur Mitarbeiterqualifikation ist, daß es der Führungskraft gelingt, eine **Atmosphäre wie bei einem Sporttraining** aufzubauen. Die Arbeit am Qualifikationsprofil darf von beiden Beteiligten nicht mit einem generellen Beurteilungsgespräch, in dem es um Karriere und Gehalt geht, verwechselt werden. Bei der gemeinsamen Arbeit, neudeutsch Coaching, steht der Weg zum Ziel im Vordergrund. Es werden nicht die erzielten Verkaufsergebnisse bewertet, sondern das Gesprächs-/Kontaktverhalten, das für die Umsetzung der Strategie notwendig ist. Wie früher im Mathematikunterricht gibt es auch Punkte, wenn das Ergebnis falsch, der Weg aber richtig war.

Liegt die Bewertung in bestimmten Punkten unter dem Soll-Profil des Beurteilungssystems, muß entschieden werden, mit welchen Maßnahmen die

4. Schritt: Die Rolle der Führungskräfte bei der Strategieumsetzung

Qualifikation des Mitarbeiters verbessert werden kann. Der gesamte Prozeß ist in Abbildung 50 dargestellt.

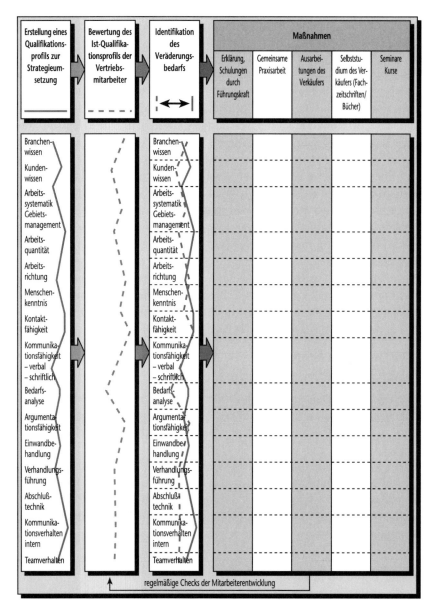

Abb. 50: Qualifizierung der Mitarbeiter zur Strategieumsetzung

Die fünf Schritte zur Strategieumsetzung im Vertrieb

Ich bin mir sicher, daß die meisten Führungskräfte zwar durchaus bemüht sind, ihre Mitarbeiter zu entwickeln. Doch in vielen Unternehmen wird dabei in aller Regel sehr unsystematisch vorgegangen.

Fehler 1 und die Lösung:

Die meisten Qualifikationseinstufungen werden **mündlich** vorgenommen. Das ist für die Führungskraft zunächst einfacher, weil man dabei nicht so präzise sein muß, wie bei schriftlichen Beurteilungen. Aber genau darauf kommt es an. Kommunikation ist schon so schwer genug. Gerade bei so sensiblen und schwierigen Themen wie der gezielten Veränderung von Arbeitsweisen sind Mißverständnisse sonst vorprogrammiert. Sensibel, weil jede Veränderung weh tut und schwierig, weil die Verbindung von Qualifikation und Strategie zwei Arbeitsschritte beinhaltet. Erst die **Schriftlichkeit** bringt oft die **notwendige Präzision** und macht den gesamten Prozeß nachvollziehbar. Deshalb sind auch vielen Mitarbeitern mündliche Beurteilungen lieber. Worte kann man schneller verdrängen als etwas Schriftliches. Der Veränderungsdruck ist so geringer. Die fehlende konkrete Ausprägung des Ziels kann der Vertriebsmitarbeiter durch eigene Interpretationen ersetzen. Das führt dazu, daß er sich schnell wieder eine heile Welt aufbaut oder daß er letztlich ganz andere Ziele verfolgt als ursprünglich gemeint waren.

Fehler 2 und die Lösung:

Die Mitarbeiter werden **überfordert**. Es werden zu viel verschiedenen Dinge von ihnen verlangt und zu große Veränderungen in zu kurzer Zeit. Qualifikationsverbesserungen und Verhaltensänderungen können nicht von heute auf morgen erreicht werden und es sollte **Schritt für Schritt** vorgegangen werden. Auch wenn es allen Führungskräften schwerfällt: geben Sie einem Verkäufer maximal drei konkrete Einzelziele oder Aktivitätsänderungen vor. Nicht pauschal, sondern genau, z. B.: »drei Besuche mehr pro Woche bei der Kundengruppe x«,»Ansprache der Bedarfssituation C bei allen Besuchen« und »Trainieren der Einwandbehandlung E«. Erst wenn der Mitarbeiter das beherrscht, sollte er neue Ziele erhalten.

Fehler 3 und die Lösung:

Es wird mit sehr schwierigen Veränderungen angefangen und so bleiben Erfolgserlebnisse aus. Die richtige Reihenfolge ist ganz einfach:

Zuerst die *Quantität* auf ein passendes Niveau bringen. Das sind Aktivitä-

4. Schritt: Die Rolle der Führungskräfte bei der Strategieumsetzung

ten, die bereits durchgeführt werden und nur häufiger gemacht werden müssen. Da nichts neu gelernt werden muß ist es für den Mitarbeiter relativ einfach. Er hat schnell Erfolge und die Motivation wächst.

Als nächstes sollte das *Produktwissen* auf dem Programm stehen. Daten, Fakten, Eigenschaften und Vorteile können leichter gelernt werden als Verhaltensänderungen. Das gleiche gilt für das *Kundenwissen*.

Weitaus schwieriger sind *Veränderungen des persönlichen Verhaltens*. Liebgewordene Vorgehensweisen müssen aufgegeben werden, neue gelernt und – ein weiterer, nicht zu unterschätzender Arbeitsschritt – auf die eigene Persönlichkeit umgesetzt werden.

Strategieumsetzung im Vertrieb ist damit kein einmaliger Vorgang, sondern eine permanente Aufgabe. Der einmal erstellte Verkaufsleitungsplan ist ein lebendes Arbeitsinstrument, das ständig aktualisiert und überarbeitet werden muß. Kleine Fortschritte bei der Weiterentwicklung der Qualifikation der Mitarbeiter sollten durch Anerkennung gefördert, Fehlentwicklungen dagegen rechtzeitig erkannt und verbessert werden.

Die ursprünglich geplante Quantität und Richtung der Aktivitäten muß mit den aktuell erreichten Ergebnissen verglichen werden. Da die üblichen Jahresziele auf kurzfristige Teilziele heruntergebrochen werden, kann so das Aktivitätsportfolio rechtzeitig angepaßt werden. Vielleicht greifen einige Aktivitäten besser, als erwartet, und freie Energien können für die Erreichung anderer Teilziele eingesetzt werden.

Persönliche Verhaltensänderungen und individuelle Ziele sollten mit den Verkäufern in Einzelgesprächen diskutiert werden. Erklärungen von neuen Vorgehensweisen, Argumentationsaufbauten und Alternativen für die Reaktion auf Einwände können dagegen viel effizienter zusammen mit anderen Vertriebsmitarbeitern erarbeitet werden.

FOKUS

1. Alle bekannten Regeln und Instrumente zum Umgang mit Mitarbeitern finden natürlich auch beim Führungsverhalten zur Strategieumsetzung ihre Anwendung. Es muß kommuniziert und motiviert werden.

2. Unterschätzt wird häufig der Aufwand für die Qualifizierung der Mitarbeiter zur Strategieumsetzung. Trainings und andere Instrumente können nur Grundlagen legen. Die situations- und persönlichkeitsabhängige Anwendung läßt sich nur in der Praxis entwickeln. Die meisten Verkäufer brauchen dafür die Unterstützung ihrer Führungskräfte bei gemeinsamen Kundenbesuchen.

3. Teilergebnisse müssen in regelmäßigen Abständen bewertet und die Aktivitäten entsprechend angepaßt werden.

VI. 5. Schritt: Die Durchführung der Verkaufsarbeit zur Strategieumsetzung

Durch die Vertriebskonzeption wird ein operativer Rahmen vorgegeben, der von den Führungskräften auf die individuelle Mitarbeitersituation angepaßt wird. Nun gehen wir wiederum einen Schritt weiter und analysieren, welche Auswirkungen die Umsetzung von Strategien auf das Verhalten und die Tagesarbeit der Verkaufsmitarbeiter haben.

Basis von allen Teilschritten ist die Motivation, die Akzeptanz der Strategie und der Konsequenzen für das persönliche Verhalten.

1. Die Motivation

Viele Strategien verlangen von den Verkäufern ein ganz anderes Selbstverständnis als sie es bisher hatten. Plötzlich müssen sie neue Kunden akquirieren und sich in fremde Branchen einarbeiten. Sie müssen lernen, Beziehungen zu Kunden systematisch zu managen und andere Funktionsebenen und Hierarchien anzusprechen. Sie sollen plötzlich hohe statt besonders günstige Preise verkaufen oder bestimmte Dienstleistungen für den Kunden erbringen. Für viele Verkäufer ist das nicht nur eine Frage von neuen Produkten, Zielen, Instrumenten und Techniken, sondern auch von einem neuen Selbstbild, das erheblichen Einfluß auf ihre Leistungsbereitschaft hat.

Viele Strategieänderungen beruhen darauf, neue Marktsegmente zu erschließen und neue Kunden aktiv anzugehen. Sie lösen damit indirekt einen der gravierendsten inneren Konflikte bei Verkäufern aus. Die meisten wollen nämlich gar keine richtigen Verkäufer, sondern allenfalls Berater sein. Sie möchten gerne vom Kunden gerufen werden und nicht mühsam einen Kontakt aufbauen. Entsprechend phantasiereich sind auch die Bezeichnungen für Verkäufer. Wer kein Bezirks- oder Gebietsleiter ist, muß zumindest ein technischer Berater, Gebietsrepräsentant oder Verkaufsberater sein. Sie werden kaum einen Verkäufer finden, auf dessen Visitenkarte die schlichte Bezeichnung »Verkäufer« steht. Noch immer scheint »Verkaufen« etwas Unanständiges zu sein.

Dabei ist eine Differenzierung zwischen Beraten und Verkaufen kaum möglich. **Beraten bedeutet, einem anderen Menschen zu helfen, eine Problemlösung zu finden oder eine Entscheidung zu treffen. Nichts anderes**

Die fünf Schritte zur Strategieumsetzung im Vertrieb

ist Verkaufen. Ein Kunde wird nur dann etwas kaufen, wenn er dadurch einen Mangel oder eine Unzufriedenheit mit einem bestehenden Zustand beseitigen kann. Der einzige Unterschied zwischen einem Berater und einem Verkäufer ist die fehlende Neutralität. Natürlich konzentriert sich der Verkäufer darauf, seine Problemlösung im besten Licht darzustellen. Das heißt aber nicht, daß er die Unwahrheit sagen oder dem Kunden Problemlösungen empfehlen sollte, die nicht sinnvoll sind. Solche Vorgehensweisen haben nichts mit Verkaufen zu tun, sondern sind im besten Fall Bauernfängerei und im schlimmsten Fall Betrug.

Tatsächlich steckt hinter dem Berater-Verkäufer-Konflikt oft die tief verwurzelte Angst vor Zurückweisung und ein anderes persönliches Selbstverständnis. Die meisten Verkäufer würden gerne einen festen Kundenstamm betreuen, bei dem alle Produkte eingeführt sind und wo der Kunde quasi um den Besuch des Verkäufers bittet. Leider kommt diese Situation in der Realität nur sehr selten vor. Viel wichtiger ist es meistens, Ziele aktiv durchzusetzen und neue Kundengruppen anzusprechen. Dann geistert jedoch sofort das Bild vom Klinkenputzer, der demütig seine Waren feilbietet, durch die Köpfe. Verkäufer, die dieses negative Selbstbild von Akquisition nicht aus ihrem Kopf verbannen, werden viele Strategien nicht erfolgreich umsetzen können.

Dabei gibt es durchaus Beispiele, wo gravierende Veränderungen des Selbstverständnisses erreicht wurden und Strategien so laufen lernten.

Ich bewundere zutiefst alle Zugbegleiter der Deutschen Bahn AG, die die Metamorphose vom Kontrolleur zum Dienstleister des Reisenden geschafft haben. Neben der Fahrkartenkontrolle und Auskunft über Zugverbindungen bieten sie heute den Fahrgästen bereitwillig einen Getränkeservice am Sitzplatz an und verkaufen sogar Tageszeitungen. Ohne diese Änderung der Aktivitätsschwerpunkte wäre das strategisch wichtige Positionierungsziel der Kundenorientierung, nicht zu erreichen gewesen. Die Voraussetzung dafür war aber ein Selbstverständnis jenseits des preußischen Beamtentums. Ein Conducteur mußte lernen, Dienste zu leisten.

Ebenso muß jeder Verkäufer zunächst versuchen, eine positive Einstellung zu den Anforderungen, die neue Strategien an ihn stellen, zu finden. Solange das nicht geschehen ist, helfen keine Techniken, Instrumente und Planungen. Deshalb sind Visionen, wie die Clienting-Philosophie von Edgar Geffroy, die den Kunden wirklich in den Mittelpunkt stellt, so wichtig. Mit der Information des Vertriebs über die Strategie und die dahinterstehende Vision, wird die Basis für die Motivation der Vertriebsmitarbeiter gelegt (Beispiel Boeing/Mercedes-Benz). Entstehen muß sie jedoch im Kopf eines jeden einzelnen.

5. Schritt: Die Durchführung der Verkaufsarbeit zur Strategieumsetzung

> **FOKUS**
>
> 1. **Viele Strategieumsetzungen scheitern am Selbstverständnis der Vertriebsmitarbeiter. Die Angst vorm Klinkenputzer-Image und eine künstliche Berater-Verkäufer-Polarisierung beeinflussen das Verhalten.**
>
> 2. **Solange das Selbstverständnis nicht zu den Aktivitäten paßt, die mit der Strategieumsetzung verbunden sind, helfen keine noch so ausgefuchsten Ziele und Planungen.**
>
> 3. **Entscheidend dafür sind letztlich die Visionen, die hinter den Strategien stehen. Nur sie können den Vertriebsmitarbeitern die Energie für die Strategieumsetzung liefern.**

2. Die systematische Aktivitätsplanung

Hier kommen wir zur Achillesferse der Verkäufer, hier trennt sich die Spreu vom Weizen. Was nutzen die schönsten differenzierten Zielsetzungen für die Strategieumsetzung, wenn die Tagesarbeit letztlich zwischen kurzfristigem Aktionismus und dem Festhalten an starren Tourenplanungen schwankt. Immer wieder wird vergessen, daß wir keine Ergebnisse, sondern nur die Aktivitäten zur Zielerreichung beeinflussen können.

Und gerade die Planung dieser Aktivitäten ist es, die die Verkäufer am meisten fordert. Hier verdichten sich kurzfristige Erfolgsorientierungen und die Abneigungen gegen Planung und Schriftlichkeit. Ich kenne so gut wie kein Unternehmen, das seinen Verkäufern ein System oder Prinzip für die Planung ihrer Aktivitäten zur Verfügung stellt. Was es dagegen häufiger gibt, sind Tourenplanungsmodelle, die von Schreibtischtätern oder Computerprogrammen berechnet wurden und an die sich keiner hält. Diese Planungen haben zweifellos ihre Berechtigung für Auslieferungsfahrer oder falls Außendienstmitarbeiter nur Aufträge einsammeln. Verkaufen und Strategieumsetzung lassen sich nicht durch ein solches Schema abdecken.

Aber halt! Wer jetzt glaubt, das sei ein Freibrief für unkoordiniertes oder rein intuitives Arbeiten von Tag zu Tag, der irrt sich gewaltig. Strategieum-

Die fünf Schritte zur Strategieumsetzung im Vertrieb

setzung erfordert Planungsarbeiten und ohne die gelegentliche Nutzung eines Taschenrechners wird es kaum gehen. Natürlich brauchen wir eine Art Tourenplanung. Der wesentliche Unterschied zu den bisher praktizierten Modellen liegt aber darin, daß sich diese Planung nicht primär nach geographischen Regionen ausrichtet, daß die Orientierungsgrößen für jeden Verkäufer verschieden sind und daß die Planung noch nicht mal für ein Jahr Gültigkeit hat, sondern permanent überarbeitet und geändert werden muß.

Ein unverzichtbares Hilfsmittel für eine strategieumsetzende Aktivitätsplanung ist dabei das Plattformsystem.

Die Kaufplattform

Wir beginnen mit der Aktivitätsplanung beim Status, beim Ist-Zustand des jeweiligen Verkaufsgebiets. Es gibt eine bestimmte Anzahl Kunden mit denen für die verschiedenen Produkte ein bestimmter Umsatz erreicht wurde. Wenn wir uns die Kunden pro Produkt ansehen, erhalten wir, je nach Anzahl der Produkte oder Produktgruppen, eine oder mehrere sogenannte Kaufplattformen. Das ist nichts anderes als die Anzahl der Kunden, die bisher ein bestimmtes Produkt gekauft haben. Die Bezeichnung Plattform macht bereits deutlich, daß es sich um eine Basis, einen Ausgangspunkt für die Umsetzung von Strategien handelt. Bei einem ganz neuen Produkt, ist diese Plattform noch leer, wir haben noch keine kaufenden Kunden dafür.

Durch die **differenzierten Vertriebsziele** haben wir einen Soll-Wert für den Umsatz pro Produkt definiert, der die Strategie erfüllt. Ebenso gibt es Soll-Werte dafür, mit welchen Kunden oder Kundengruppen der Umsatz erreicht werden muß. Wir können so der Ist-Kaufplattform eine entsprechende Soll-Kaufplattform pro Produkt gegenüberstellen. Die Differenz ist das, was der einzelne Verkäufer über seinen jetzigen Staus hinaus erreichen muß (vgl. Abb. 51), um die Strategie zu erfüllen. Es müssen nur noch gegebenenfalls zu erwartende Kundenverluste berücksichtigt werden.

In diesem Fall läßt sich die Strategie nur über die Gewinnung neuer Kunden erfüllen und wir wissen jetzt, welche Kunden wir für welches Produkt zusätzlich gewinnen müssen. Diese Analyse ist teilweise identisch mit den Arbeiten, die die Führungskräfte für die Festlegung der individuellen Verkäuferziele durchführen. Bereits da sollten die Differenzen zwischen Ist und Soll pro Verkäufer berücksichtigt werden.

Jetzt werden wahrscheinlich die ersten aufstöhnen und reklamieren, daß es fast unmöglich sei, diese Betrachtung für jedes Produkt aufzustellen. Natürlich gibt es viele Unternehmen, die ein sehr umfangreiches Sortiment haben.

5. Schritt: Die Durchführung der Verkaufsarbeit zur Strategieumsetzung

Aber ich bin mir sicher, daß es sich in jedem Fall zu einer überschaubaren Anzahl von Produktgruppen verdichten läßt und daß die jeweiligen Strategien sich in solchen Fällen auch nicht auf Produkte sondern auf Produktgruppen beziehen. Sinngemäß gilt das gleiche für Kunden bzw. Kundengruppen.

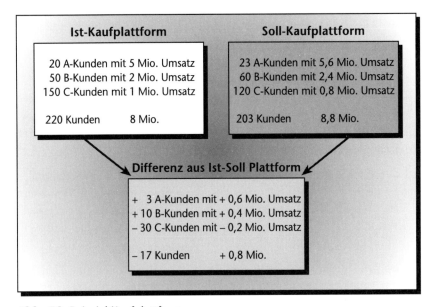

Abb. 51: Beispiel Kaufplattform

Die Marktplattform

Wenn die Kaufplattform aus unserem Beispiel erreicht werden soll, müssen wir die Kunden, die uns pro Produkt noch fehlen, im Markt suchen. Meistens gibt es noch eine gewisse Anzahl Kunden, die dafür grundsätzlich in Frage kommen (den anderen Fall, wo bereits alle relevanten Kunden erfaßt sind, behandeln wir später). In vielen Fällen sind es mehr Kunden, als in einem überschaubaren Zeitraum angesprochen und bearbeitet werden können. Es muß also zunächst entschieden werden, mit wem man Kontakt aufnehmen will. Aus der Vielzahl von Möglichkeiten müssen die herausgesucht werden, bei denen die besten Erfolgschancen bestehen. Wir nennen diesen Vorgang den Aufbau einer Marktplattform.

Bereits in dieser Phase, **bei der Selektion der potentiellen Kunden, beeinflußt die Strategie ganz erheblich unser Verhalten.** Wir suchen nicht irgendeinen Kunden, sondern, je nach Strategie, z. B.

Die fünf Schritte zur Strategieumsetzung im Vertrieb

- Kunden einer bestimmten Branche (weil die Branche sehr wachstumsstark ist)
- Kunden, die mit bestimmten Wettbewerbsprodukten arbeiten (weil wir im Vergleich mit diesen Wettbewerbern besonders viel Vorteile haben)
- Kunden, die eine bestimmte Größe haben (weil dann unsere Servicevorteile gut greifen)
- Kunden, die besonders groß sind (weil wir jetzt eine Kompetenz erreicht haben, um auch deren Anforderungen zu erfüllen)
- Kunden, für die bestimmte Produkte eine besonders hohe Bedeutung haben (weil wir etwas liefern, das speziell bei der Verarbeitung dieser Produkte Vorteile bietet)

Was auch immer letztlich die Kriterien sind, nach denen sich die Kundenauswahl richtet, sie sollten nicht vom Verkäufer festgelegt, sondern durch die Strategie bestimmt werden.

Ich werde nie vergessen, wie entsetzt der Geschäftsführer eines führenden Baugeräteherstellers war, als wir genau diese Frage mit seinen Verkäufern diskutierten. Die Selektionskriterien, die die Verkäufer bei der Auswahl neuer Kunden benutzten, widersprachen sogar der strategischen Ausrichtung des Unternehmens.

Die Folgen solcher unkoordinierten Akquisitionstätigkeiten sind klar. Der Aufwand zur Überzeugung der strategisch nicht gewollten Kunden ist meist erheblich höher als geplant. Dadurch fehlen wiederum Kapazitäten für die Erreichung anderer Ziele. Aber auch wenn sie schließlich als Kunden gewonnen wurden, haben sie einen negativen Einfluß. Sie sind unzufriedener, drücken die Preise, haben hohe Reklamationsquoten. In vielen Fällen sind sogar marktfähige Produkte gescheitert, weil vom Vertrieb zu viele ungeeignete Kunden akquiriert wurden. Bereits hier wirken sich die strategischen Kundenstrukturziele aus. Mit Auswahl der Kunden, mit denen Kontakt aufgenommen wird, fangen Strategien an zu laufen.

Deshalb sollte für den Fall, daß es auf die Gewinnung spezieller Kundengruppen ankommt, das Soll-Profil eines Kunden bestimmt und alle potentiellen Kunden hieran gemessen werden. Ein solches Anforderungsprofil läßt sich leicht mit einer einfachen Punktbewertung verbinden, so daß sowohl Mindestanforderungen als auch die Bearbeitungsreihenfolgen ermittelt werden können (vgl. Abb. 52 und Abb. 53).

Die einzelnen Faktoren des Profils sollten sich möglichst ohne direkten Kundenkontakt ermitteln lassen, damit die Kundenselektion auch durch den Vertriebsinnendienst oder durch Externe erfolgen kann. Die richtige strate-

5. Schritt: Die Durchführung der Verkaufsarbeit zur Strategieumsetzung

Vertriebsaufgaben	Bewertung 0	Bewertung 1	Bewertung 2	Punkte
Umsatzgröße/Potential ggf. über Hilfsgrößen wie				
• Anzahl Mitarbeiter				
• Verkaufsstellen				
• Geschäftsentwicklung				
Eingesetzte Produktionsverfahren/Maschinen				
Wettbewerberstellung				
Bonität				
Geeignete Referenzkunden				
Summe Punkte				

Abb. 52: Anforderungsprofil zur Selektion von Kunden nach strategischen Kriterien

Faktor	Bewertung 0	Bewertung 1	Bewertung 2	Punkte
Ist ein Handelsunternehmen mit Filialen	Nein		Ja	
Ist ein Unternehmen, das Produkte für den Endverbraucher herstellt, aber einen Zwischenhandel involviert	Nein		Ja	
Verkauft direkt an Endverbraucher, mit einer Nachkaufbetreuung	Nein		Ja	
Produkte/Leistungen mit Markenartikelcharakter	Nein	Ja		
Headquarter in Deutschland	Nein		Ja	
Hat ein Werbe- und Marktforschungsetat	Nein	Ja		
Maximum 11,5				

Abb. 53: Praxisbeispiel eines Anforderungsprofils aus der Marktforschungs-Branche

gische Ausrichtung wird so von Anfang an berücksichtigt, und es werden die Grundlagen für gute Erfolgsquoten beim Übergang von der Markt- in die Verhandlungsplattform gelegt.

Die Verhandlungsplattform

Sobald die richtigen Kunden identifiziert sind, wird man versuchen, mit diesen Kunden zu konkreten Verhandlungen zu kommen. Es scheint eine Art Naturgesetz des Verkaufens zu sein, daß das nicht mit allen Kunden gelingen wird. Ein Teil der potentiellen Kunden aus der Marktplattform war vielleicht doch nicht geeignet oder es ist uns nicht gelungen, bei ihnen einen konkreten Ansatzpunkt zu finden. Damit haben wir ein weiteres, wichtiges Element der Aktivitätsplanung, die **Erfolgsquoten** kennengelernt. Sie beschreiben immer das Verhältnis von erfolgreichen zu nicht erfolgreichen Versuchen (1:5 bedeutet beispielsweise, daß man fünf Kunden aus der Marktplattform ansprechen muß, um mit einem Kunden zu ernsthaften Verhandlungen zu kommen).

Die Kunden, mit denen wir in Verhandlungen stehen, bilden wieder eine neue Plattform (keine Angst, das ist die letzte), die Verhandlungsplattform. Sie umfaßt alle Kunden, mit denen konkrete Verhandlungen geführt werden.

Manche Verhandlungsprozesse mit Kunden sind langwierig und bestehen aus einer Summe von Teilentscheidungen. Diese Teilentscheidungen stellen quasi Meilensteine auf dem Weg zum Ziel, zum Auftrag dar. Je besser wir diese Meilensteine identifizieren können, desto strukturierter können wir später den Verhandlungsprozeß durchführen. Zunächst müssen wir die Meilensteine definieren. Auch hierzu wieder ein Praxisbeipiel, diesmal aus der Chemischen Industrie (vgl. Abb. 54):

Stehen die Meilensteine einmal fest, so kann ihnen meist problemlos eine Erfolgswahrscheinlichkeit zugeordnet werden. Eine Erfolgswahrscheinlichkeit von 40% bedeutet, daß 40% der Kunden, die einen Kleinversuch machen, später auch tatsächlich einen Auftrag erteilen. Nach diesem Prinzip kann nun jeder einzelne Kunde bzw. jedes Projekt in unserer Verhandlungsplattform bewertet werden. Die zu erwartende Auftragssumme wird jeweils mit der Erfolgswahrscheinlichkeit multipliziert. Das Ergebnis ist ein gewichteter Umsatzwert. Alle Verhandlungskunden/-projekte zusammen ergeben die gewichtete Verhandlungsplattform (vgl. Abb. 55).

5. Schritt: Die Durchführung der Verkaufsarbeit zur Strategieumsetzung

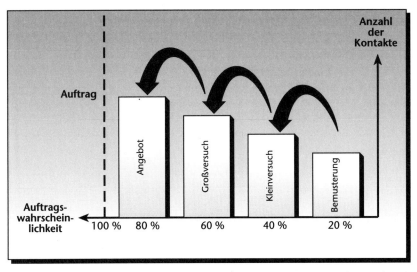

Abb. 54: Beispiel für eine Verhandlungsplattform in der Chemischen Industrie

potentieller Kunde	Angebots-volumen in TDM	Wahrschein-lichkeit	gewichteter Wert in TDM	Folge-aktivitäten
Bußmann GmbH	150	0,2	30	Zweitbesuch
Gebr. Huckemann KG	50	0,4	20	Angebotsabgabe
Körner AG	100	0,6	60	Nachfassen
Bube und Sohn	80	0,6	48	Angebotsabgabe
Cramer OHG	100	0,2	20	Zweitbesuch
Mellies GmbH & Co. KG	50	0,8	40	Kontakt halten
Rutschke & Co.	80	0,2	16	Zweitbesuch
Herrmann AG	70	0,4	28	Angebotsabgabe
Sachse KG	70	0,4	28	Angebotsabgabe
Bogdahn KG	80	0,2	16	Zweitbesuch
Huerkamp GmbH	30	0,6	18	Nachfassen
Quennet GmbH	80	0,2	16	Zweitbesuch
Herbertz OHG	120	0,6	72	Nachfassen
Wiese GmbH	110	0,8	88	Auftragsbestätigung einholen
Summe	**1170 TDM**		**500 TDM**	

20% = Erstgespräch 40% = Zweitgespräch 60% = Angebot 80% = mündliche Zusage

Abb. 55: Beispiel für eine gewichtete Verhandlungsplattform

Die fünf Schritte zur Strategieumsetzung im Vertrieb

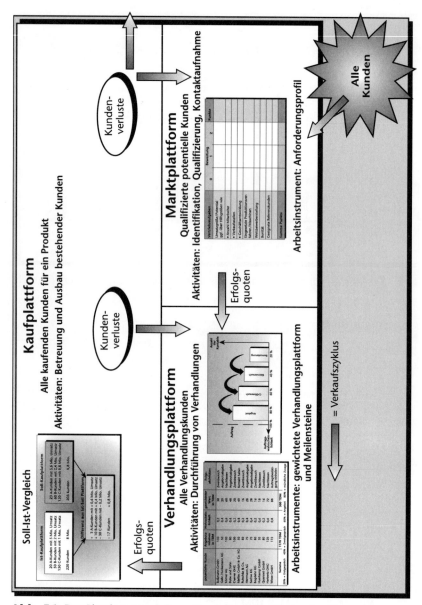

Abb. 56: Das Plattformmodell zur Darstellung des Verkaufszyklus

Die gewichtete Verhandlungsplattform zeigt den Verhandlungsstatus in Form eines theoretischen Umsatzwertes. Natürlich kaufen die Kunden in der Regel nicht zu 60%, sondern zu 100% oder gar nicht. Die Erfahrung aus viele Projekten in verschiedensten Branchen zeigt aber, daß sich dieser Ef-

5. Schritt: Die Durchführung der Verkaufsarbeit zur Strategieumsetzung

fekt ausgleicht, wenn etwa 10 oder mehr Einzelprojekte in der gewichteten Verhandlungsplattform aufgeführt sind. Sie zeigt dann sehr zuverlässig den Wert an, der auch später tatsächlich als Umsatz realisiert wird.

Diese Analyse der Verhandlungsplattform hat zwei Vorteile.

1. Wir wissen, ob wir mit genug Kunden Verhandlungen führen, um unsere Ziele pro Produkt zu erreichen. Freie Kapazitäten können gegebenenfalls für andere Aufgaben und Ziele eingesetzt werden.
2. Durch das **Denken in Meilensteinen** wissen wir sofort, welche Aktivität wir im nächsten Schritt bei welchem Kunden durchführen müssen.

In der Regel wird nur ein Teil der Verhandlungen erfolgreich sein, und damit gelten auch für den Übergang in die Kaufplattform wieder bestimmte Erfolgsquoten.

Jetzt können die drei Plattformen zu einem Modell zusammengefügt werden, das einen kompletten Verkaufszyklus abbildet (vgl. Abb. 56).

Natürlich ist ein solches Plattformsystem immer in Bewegung. Kunden verlassen z. B. die Kaufplattform, weil sie ihr Geschäft aufgeben oder beim Wettbewerb kaufen. Wird in diesem Fall sofort ein Gegenangebot erstellt, befindet sich der Kunde wieder in der Verhandlungsplattform. Findet man dagegen im Moment keinen Ansatzpunkt zu neuen Verhandlungen, hält den Kunden aber für grundsätzlich interessant, so wird man ihn in die Marktplattform zurückgeben und auf seine Chance warten.

Die Berechnung des Aktivitätsvolumens für die Strategieumsetzung

Durch das Denken und Arbeiten in einzelnen Plattformdimensionen kann aber nicht nur die Strategie viel systematischer umgesetzt werden. Durch das Plattformsystem kann auch das Aktivitätsvolumen, das für die Realisierung einer Strategie nötig ist, näherungsweise vorab ermittelt werden. Die einzigen Voraussetzungen dazu sind die Analyse der Differenz zwischen Soll- und Ist-Kaufplattform und der Erfolgsquoten für den Übergang von einer Plattform zur anderen. Diese Kennzahlen sollte eine gute Vertriebsorganisation aber in jedem Fall kennen. Andere Bezeichnungen dafür sind order : offer-Verhältnis oder Ausschöpfungsquoten.

Für ein Rechenbeispiel orientieren wir uns an der Differenz von Soll- und Ist-Kaufplattform aus Abbildung 51. Es sollten drei A-Kunden mit je 200 TDM Umsatzvolumen gewonnen werden. Für den Übergang zwischen den Plattformen unterstellen wir eine Erfolgsquote von 1:3 (vgl. Abb. 57). Jetzt kann von der Kaufplattform zurückgerechnet werden, wieviel Kunden in den einzelnen Plattformdimensionen gewonnen und wieviel Aktivitäten entwickelt werden müssen, um das Strategieziel zu erreichen.

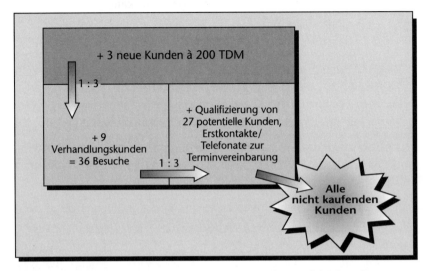

Abb. 57: Beispiel zur Berechnung des notwendigen Aktivitätsvolumens zur Strategieumsetzung

Mit dieser Vorgehensweise lassen sich die nötigen Aktivitäten zur Strategieumsetzung relativ genau bestimmen. In den meisten Fällen hat der Verkäufer bereits am Anfang der Planungsperiode einen bestimmten Status in der Verhandlungs- und Marktplattform, so daß nicht, wie in unserem Rechenbeispiel, bei null begonnen werden muß.

Im nächsten Schritt muß nur noch der Zeitfaktor (Sales-Lead-Time), der für die Aktivitätsdurchführung nötig ist, berücksichtigt werden, und der komplette Aktivitätsplan steht. Zeigt sich dann bei der praktischen Arbeit, daß in den einzelnen Plattformen bessere oder schlechtere Erfolgsquoten realisiert werden, können die Pläne entsprechend angepaßt werden. Damit hat das Plattformmodell gleichzeitig die Funktion eines **Frühwarnsystems**. Lange bevor die tatsächlichen Ergebnisse erreicht werden, läßt sich an der Anzahl der durchgeführten Aktivitäten und der Erfolgsquoten absehen, ob das Ziel erreichbar ist oder nicht.

Erfahrungsgemäß ist die Zeitkapazität der Verkäufer der Engpaß. Die meiste Kapazität wird durch die Abwicklung des laufenden Geschäfts bzw. die notwendige Betreuung der bestehenden Kunden gebunden (vgl. Abb. 23). Manchmal zeigt sich daher bereits bei der Aktivitätsplanung, daß eine Strategie so nicht durchführbar ist. Es wird z. B. ein Aktivitätsvolumen verlangt, das schon aus Zeitgründen nicht realisierbar ist. Das heißt aber nicht, daß ei-

5. Schritt: Die Durchführung der Verkaufsarbeit zur Strategieumsetzung

ne Strategie dann überhaupt nicht umgesetzt werden kann. Es wird nur bereits jetzt deutlich, daß weitere Maßnahmen, z. B. für die Verbesserung der Erfolgsquoten ergriffen werden müssen. Vielleicht kann auch der Innendienst einige Aufgaben des Außendienstes übernehmen, so daß zusätzliche Zeitpotentiale frei werden.

Grundsätzlich läßt sich mit dem Plattformsystem jede Strategiealternative bzw. jedes daraus abgeleitete Vertriebsziel in Aktivitäten übersetzen.

FOKUS

1. **Eine systematische Aktivitätsplanung ist einer der entscheidensten und auch schwierigsten Arbeitschritte auf dem Weg zur Strategieumsetzung.**

2. **Das Denken in Plattformen ermöglicht für jede Zielsetzung die Ableitung der entsprechenden Aktivitätsvolumen und -richtungen und die Festlegung der zeitlichen Abfolge. Die Aktivitätsplanung wird damit gleichzeitig zu einem Frühwarnsystem für die Strategieumsetzung. Voraussetzung dafür ist die Kenntnis bestimmter Kennziffern (Erfolgsquoten) und der Sales Lead Time.**

3. **Anforderungsprofile und Meilensteine ermöglichen es, bei der Aktivitätsdurchführung Prioritäten zu setzen, die exakt auf die jeweilige Strategie zugeschnitten sind.**

3. Die Kontaktatmosphäre

Es gehört zur Grundausbildung eines Verkäufers, eine positive Atmosphäre für einen Überzeugungsprozeß zu schaffen. Dazu gehören Höflichkeit, der Aufbau eines kommunikationsfreudigen, dialogorientierten Klimas und die Berücksichtigung des emotionalen Bedarfs (z. B. Anerkennung, Sicherheit) des Kunden. All das ist aber nur das Atmosphäre-Fundament, auf dem Strategien einen trittfesten Untergrund finden.

Die fünf Schritte zur Strategieumsetzung im Vertrieb

Um sich wirksam vom Wettbewerb abzusetzen und einen richtigen Schritt zur Strategieumsetzung zu tun, müssen sich die Strategien unter Umständen auch in der Kontaktatmosphäre widerspiegeln. Dazu kommt, daß es kaum eine wirklich neutral positive Atmosphäre gibt. Auch unbeabsichtigt entsteht bei persönlichen Kontakten meist ein ganz eigenes Klima, das nicht immer zur Strategie des Unternehmens paßt.

Das Thema läßt sich am leichtesten verstehen, wenn wir einen Vergleich mit der Erdatmosphäre machen. Bekannterweise setzt sie sich aus verschiedenen Gasen zusammen. Das Mischungsverhältnis dieser Gase kann sich durchaus leicht ändern, ohne daß die Grundfunktionen des menschlichen Körpers gravierend beeinträchtigt werden. Deutlicher machen sich die Unterschiede dagegen in der Stimmungslage bemerkbar. Ein höherer Sauerstoffgehalt wirkt anregend, beim Salzgeruch des Meeres träumen einige von fernen Ländern und der Duft von Sommerblumen auf einer Wiese wirkt beruhigend.

Diese Erkenntnisse lassen sich auch auf die Kontaktatmosphäre mit Kunden übertragen. Auch dort kann einer der beiden Kontaktpartner die einzelnen Elemente der Atmosphäre unterschiedlich kombinieren, ohne ein grundsätzlich positives Verkaufsklima zu gefährden. Aber auch hier wird sich je nach Zusammensetzung der Atmosphäre die Stimmungslage ändern.

So ist es z. B. für einen Banker selbstverständlich, daß er nicht nur eine gute, sondern eine besonders diskrete, gediegene Atmosphäre schafft, wenn er mit seinen Kunden zusammentrifft. Er setzt dafür verschiedene Maßnahmen ein, die von der Kleidung über die Körpersprache bis zu Einrichtungsgegenständen und Gebäuden reichen. Wahrscheinlich wird es auch ein Kunde der Deutschen Bank oder einer Privatbank als angenehm empfinden, von Herren in dunkelblauen oder anthrazitfarbenen Anzügen sehr respektvoll behandelt zu werden. Ein weitgehend emotionsloses Verhalten und die sorgfältigen Formulierungen werden ihm ein Gefühl von Sicherheit und Solidität vermitteln. Ausgesuchte moderne Kunst (Mäzenatentum war immer das Privileg des Adels) und großzügige Räumlichkeiten verbinden geschickt Tradition und Fortschrittlichkeit.

Aber ob das auch noch die richtige Kontaktatmosphäre für den Kundenberater der Citibank wäre? Würde der »normale Bürger« hier gerne einen Ratenkredit aufnehmen? Hätte dieser Kunde hier das Gefühl von Unkompliziertheit, persönlicher Nähe und Nachbarschaft? Wahrscheinlich nicht.

Dieses Beispiel zeigt, wie wichtig die Kontaktatmosphäre für die Strategieumsetzung sein kann. Positionierungen und imagebezogene Abgrenzungen zu anderen Unternehmen werden mit enormem Werbeaufwand in den Markt getragen. Sie sollen den Käufer bewegen, sich für ein bestimmtes Produkt zu interessieren. Findet dieses Image nicht seine Fortsetzung in der persön-

5. Schritt: Die Durchführung der Verkaufsarbeit zur Strategieumsetzung

lichen Kontaktatmosphäre zwischen Verkäufer und potentiellem Kunden, so ist der Strategie auf halbem Weg die Luft ausgegangen

Ein Hersteller von Heizungssystemen, die direkt an Heizungsbauer und Installateure vertrieben werden, hat folgende Basis-Strategie: Hochwertige Qualität, ein aufwendiger eigener Kundendienst und die Konzentration auf den Handwerker. Sprich: absolute Qualitäts- und Serviceorientierung. Wie wirkt sich das auf die Kontaktatmosphäre zu den Kunden, den Handwerkern, aus? Gibt es Ansatzpunkte, die Atmosphäre nicht nur gut, sondern auch strategiekonform zu gestalten?

Es gibt eine ganze Menge. Der Kundendienst hat einen hohen Stellenwert, denn der Ausfall einer Heizanlage ist nicht nur im Winter unangenehm. Allerdings führt nicht jeder Handwerker den Kundendienst selbst durch und selbst wenn, braucht er bei komplizierteren Fragen die Unterstützung des Werks-Kundendienstes. Daß eine ständige Bereitschaft und Kontaktmöglichkeit angeboten wird, ist daher selbstverständlich. Ein Anrufbeantworter in der Niederlassung teilt jedem Anrufer die Telefonnummer des Mitarbeiters mit, der Tag und Nacht Bereitschaft hat. Das entspricht der bereits erwähnten grundsätzlich positiven Atmosphäre. Soll für den Handwerker jedoch die persönliche Nähe des Unternehmens zu ihm spürbar werden, reicht das noch nicht aus. Erfolgreiche Niederlassungen haben sich daher entschlossen, über eine Anrufweiterschaltung das Gespräch direkt in die Privatwohnung des Verkäufers zu legen, der Bereitschaft hat und alles Notwendige veranlassen kann. Diese scheinbare Kleinigkeit erspart dem Handwerker nicht nur einen zweiten Anruf. Die Vorgehensweise ist darüber hinaus ein gewaltiger Schritt zur Umsetzung des Image.

Dieses Prinzip läßt sich natürlich auch auf andere Kontaktsituationen umsetzen: Will ein Handwerker eine neue Anlage installieren, bietet der Verkäufer seine Unterstützung an. Wenn er in der Nähe ist, ruft er ihn auch außerhalb der normalen Kontaktrhythmen an und fragt nach, ob er ein Ersatzteil vorbeibringen soll oder ob ein persönliches Gespräch benötigt wird. Immer wieder spürt der Kunde, nicht nur durch die direkte Belieferung, sondern auch durch die Kontaktatmosphäre, daß das Unternehmen den Handwerker immer wieder in den Mittelpunkt stellt. Erst dadurch werden übrigens auch die Voraussetzungen geschaffen, über dem Durchschnitt liegende Preise durchzusetzen.

Ein weiteres Beispiel, das den Einfluß der Kontaktatmosphäre auf die Strategieumsetzung zeigt, stammt aus dem Dienstleistungssektor, nämlich aus den Ausbildungsunterlagen einer Kette von Autowaschanlagen (vgl. Abb. 58).

Die fünf Schritte zur Strategieumsetzung im Vertrieb

Das Kontaktverhalten zur Umsetzung der Servicestrategie in den Clean Car-Waschstraßen

Kundentyp	Woran kann der Kunde erkannt werden?	Wie verhält sich der Kunde?	Was erwartet er?	Wie sollten wir das Klima gestalten?
Geschäftsmann, Oberklasse	Kleidung, 7er, 5er BMW, S-Klasse, 124-er Mercedes	sicher, distanziert, knapp, kurz	Schnelligkeit, Bequemlichkeit, Service, aufmerksame Behandlung	Mit Respekt auftreten, Abstand, sicheres Auftreten, ruhig, zügig, schnell, nach Quittung fragen, sachlich bleiben
Mittelklasse (traditionell)	Vectra, Omega, VW, Japaner, gepflegt, Urlaubsaufkleber, ARAG/DAS-Aufkleber, ADAC, „Klopapierrolle" Innenraum aufgeräumt	vorsichtig, freundlich, gesprächsbereit, aufmerksam, pingelig, interessiert	will das Beste, Sicherheit, Werterhaltung, Qualität	Gründlichkeit, Details demonstrativ reinigen, Werterhaltung, Pflege: Schutz, Lebensdauer, beständig, Konservierung, Vorbeugung, Versiegelung, Qualität anbieten
Taxi, Handwerker, Vertreter, Firmenwagen	Beschriftung, Arbeitskleidung, Kombi, Opel, Audi, Passat, keine Sonderausstattung	kein Pflegebewußtsein (wenig Zeit), uninteressiert	Schnelligkeit, reibungslos, „small-talk"	ausgesprochen freundliche Begrüßung „Wie geht's?", kurzes Gespräch, Lokalereignisse, Ziel: wohlfühlen, häufig wiederkommen
Sportlich, aufgeweckt (jugendlich)	Golf, Kadett, Aufkleber, Zubehör, eher ältere Baujahre	freundlich, spontan, locker, cool, schnelles Fahren, Macho	Äußerlichkeiten sind wichtig	nett, locker das Auto (Zubehör) bewußt bemerken, Zusatzleistungen für gutes Aussehen, schick, Glanz, super
Ängstlich, unsicher (z.T. Hausfrauen)	nervös, starrer Blick, zögerliches Fahren, halten oft an, Kinder im Auto, kleinere Autos, Zweitwagen, ältere Baujahre	schüchtern, mißtrauisch, redet wenig, Angst vor Blamage	Sicherheit, Problemlosigkeit, Einfachheit	langsame Gesten, häufiges Wiederholen, demonstrativ Ruhe ausstrahlen
Modern, Zeitgemäß (berufstätige Frauen, Yuppies)	moderne Kleidung, dunkle Metallicfarben, Kabrios	zielbewußt, zielgerichtet, selbstbewußt, Frauen suchen Distanz	Professionalität, high-tech	sicher, bestimmt, professionell, vollautomatisch, computergesteuert, Mischung zwischen Gründlichkeit und Distanz

Abb. 58: Dienstleistungsqualität durch individuelle Kontaktatmosphäre

5. Schritt: Die Durchführung der Verkaufsarbeit zur Strategieumsetzung

Allgemein gesehen können Kontaktatmosphären technischer oder serviceorientierter, innovativer oder konservativer sein. Dabei vermischen sich Produktleistung, bewußtes Verhalten und Persönlichkeit der Vertriebsmitarbeiter. Manchmal ist es sogar nur die Kontaktatmosphäre, durch die der Vertrieb als Produkt spürbar wird (vgl. Abb. 37, s. S. 148). Es kann daher sogar notwendig sein, wenn radikale Umpositionierungen vorgenommen werden, auch die personelle Zusammensetzung einer Vertriebsmannschaft zu verändern.

FOKUS

1. **Viele strategische Positionen und Images werden für den Kunden nur durch die Kontaktatmosphäre wirklich erlebbar. Meist können weder Produkte, Argumente, Lieferwege oder Werbung ein spezielles Klima im Rahmen der persönlichen Kontakte ersetzen.**

2. **Daher sorgt eine allgemeine, neutral positive Kontaktatmosphäre noch nicht automatisch für die gezielte Umsetzung einer Strategie. Ganz im Gegenteil, sie kann sogar die Strategieumsetzung deutlich behindern.**

3. **Durch die Situationen, in denen der Kontakt entsteht, die Kontaktinhalte, die äußere Erscheinung und die Reaktions- und Verhaltensweisen der Verkäufers kann das Klima des persönlichen Kontakts mit bestimmten Schwerpunkten angereichert werden, so daß sich Kontaktatmosphäre und Strategie ergänzen.**

4. Die Kontaktinhalte

Während wir unter dem Begriff Kontaktatmosphäre vorwiegend die emotionale Ausprägung der Kontakte behandelt haben, kommen wir jetzt zu den sachlichen Gesprächsinhalten, die zur Umsetzung von Strategien nötig sind.

Die fünf Schritte zur Strategieumsetzung im Vertrieb

Wahrscheinlich hat es jeder schon einmal erlebt: Obwohl sich Produkte in ihren Leistungseigenschaften oder Positionierungen/Image voneinander unterscheiden, wird trotzdem das billigste gekauft. Der Wettbewerb, der eine schlechtere Qualität produziert, hat natürlich eine andere Kostenstruktur und kann so günstigere Preise anbieten.

Das Ergebnis ist immer das gleiche: Steigt man auf die Preise ein, bleibt der Absatz zwar stabil, aber der Deckungsbeitrag pro Produkt geht in den Keller. Bleibt man hart, stimmt zwar der Deckungsbeitrag pro Produkt, dafür sinkt der Absatz und der Gesamt-Deckungsbeitrag stimmt nicht mehr. Liegt das nun an der Strategie oder am Vertrieb?

In einem Teil dieser Fälle ist es wohl tatsächlich so, daß eine falsche Strategie gewählt worden ist. Die Leistungsunterschiede sind nicht so groß wie die Preisunterschiede oder die angebotenen Leistungsvorteile interessieren den Kunden einfach nicht.

In einem anderen Teil liegt es aber auch an der Kommunikation der Leistungsvorteile zum Kunden. Statt die strategischen Vorteile richtig einzusetzen, macht der Verkäufer das, was die Konkurrenz tut und steigt zu früh und zu einseitig in die Preisdiskussion ein. Die Situation wird noch dadurch verstärkt, daß ein möglichst preiswerter Einkauf natürlich auch ein Kundenbedürfnis ist, daß wahrscheinlich nie vollständig befriedigt werden kann. Dafür ist es relativ einfach zu verstehen, leicht zu fordern und theoretisch auch von jedem Lieferanten erfüllbar.

Preisaggressive Strategien umzusetzen, ist meist kein verkäuferisches, sondern mehr ein produktionstechnisches und logistisches Problem. Will man mit Strategien dagegen das Know how eines Unternehmens für eine gute Produktqualität nutzen, wird es schon etwas schwieriger. Neue Argumente müssen beherrscht werden, und die Verkäufer dürfen sie nicht nur aus der Herstellerperspektive darstellen. Es muß vielmehr der besondere Nutzen für den Kunden deutlich herausgestellt werden. Vielleicht werden Sie jetzt sagen, das ist doch selbstverständlich und das wird doch auch fast jeder Verkäufer tun.

Ich mache immer wieder andere Erfahrungen. Denken Sie an unseren Praxistest aus dem Kapitel Kommunikationspolitik. Fragen Sie Ihre Verkäufer oder, wenn Sie selbst Verkäufer sind, Ihre Kollegen zunächst nach der Strategie des Unternehmens und dann nach der eines Produkts. Ich wette, Sie bekommen soviel unterschiedliche Antworten wie es Verkäufer gibt. Wenn Sie dann noch leidensfähig genug sind, stellen Sie noch die Frage nach den drei wichtigsten Vorteilen, die die verschiedenen Produkte bieten. Das Ergebnis wird kaum besser sein.

5. Schritt: Die Durchführung der Verkaufsarbeit zur Strategieumsetzung

Natürlich ist dieses Wissen nicht nur eine Holschuld der Verkäufer. Häufig haben sie gar nicht die Chance, sich dieses Minimalwissen zur Strategieumsetzung anzueignen.

Aber bisher haben wir nur von der Pflicht gesprochen, jetzt kommt die Kür:

Kaum ein bekanntes Kundenbedürfnis ist heute noch nicht erfüllt und viele Produkte sind viel zu vergleichbar. Erfolgreiche Produktstrategien sprechen daher entweder völlig neue Bedürfnisse an, die den Kunden oftmals selbst noch nicht bewußt sind oder sie beziehen sich auf Leistungsvorteile, die nicht auf den ersten Blick nachvollziehbar sind. Solche Strategien sind erheblich schwerer umzusetzen, und die Gesprächsinhalte müssen sorgfältig geplant und vorbereitet werden.

Eine zentrale Rolle spielt dabei natürlich der ominöse Begriff »Bedarf«. Wir benutzen diesen Begriff häufig, ohne uns genau zu überlegen, was damit gemeint ist. Wenn man versucht, das Wort zu übersetzen, werden auch die Anforderungen an die Kontaktinhalte zur Strategieumsetzung viel klarer. Der Bedarf beschreibt das, was einem Kunden fehlt oder was er anstelle von bisherigen Produkten bzw. Problemlösungen gerne hätte. **Der Bedarf ist ein Mangelzustand, eine Unzufriedenheit.** Will man etwas verkaufen, muß man deshalb, sozusagen als Grundlage, einen passenden Bedarf haben. Gibt es den nicht, nutzen auch die schönsten Argumente nichts.

Ist ein Bedarf nun nicht so offensichtlich, daß ihn bereits die ganze Branche vor zwanzig Jahren erkannt hat, muß der Verkäufer ihn für den Kunden zunächst erkennbar machen, d.h. den Bedarf wecken. Er muß dafür die Einsatz- oder Verwendungssituationen des Kunden ansprechen, in denen sich die Leistung der eigenen Produkte auswirken könnte. Im nächsten Schritt muß herausgearbeitet werden, daß es wichtig ist, die angesprochenen Kundensituationen besser oder kostenoptimaler zu gestalten. Der Kunde soll dadurch einen Mangelzustand oder eine Unzufriedenheit erkennen. Erst dann hat der Verkäufer eine Chance, die Leistungsvorteile seiner Produkte entscheidungswirksam darzustellen, zu argumentieren (vgl. Abb. 59). Ohne diese vorbereitende Arbeit würden die Leistungsmerkmale seiner Produkte relativ wirkungslos verpuffen und er würde sich schnell beim bewährten Thema Preis wiederfinden. Gerade wenn strategisch wichtige Leistungseigenschaften, für die noch kein offensichtlicher Bedarf besteht, verkauft bzw. umgesetzt werden sollen, muß am Anfang des Überzeugungsprozesses, an den möglichen Einsatzsituationen, angesetzt werden. Trotz aller Trainingseinheiten beherrschen das nur die wenigsten Verkäufer. Meistens lernen sie nur, wie sie einen bereits vorhandenen Bedarf abfragen.

Die fünf Schritte zur Strategieumsetzung im Vertrieb

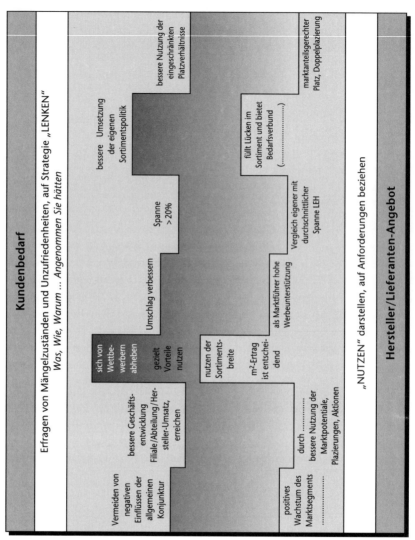

Abb. 59: Praxisbeispiel für ein Bedarfsprofil aus der Markenartikelindustrie und das entsprechende Angebotsprofil

 Und genau hieran kranken viele Strategieumsetzungen. Eine meiner Standardfragen in vielen Workshops ist die nach den speziellen Einsatzsituationen, in denen die Vorteile der einzelnen Produkte besonders wichtig sind. Kaum ein Verkäufer oder Produktmanager konnte diese Frage bisher spontan beantworten. Da nützen natürlich auch die schönsten Zielsetzungen und differenzierte Vorgehensweisen nichts mehr. Die Strategie hat zwar schon einige Schritte gemacht, aber der erste Stolperstein beim Kunden bringt sie sofort zu Fall.

5. Schritt: Die Durchführung der Verkaufsarbeit zur Strategieumsetzung

Eine gute Vertriebsmannschaft sollte daher nicht nur alle Argumente (schriftlich!) kennen, sondern auch die **Kundensituationen**, in denen sie wirken. Und mit wirken meine ich nichts anderes, als einen Mangelzustand oder eine Unzufriedenheit beseitigen. Überprüfen Sie ihren Status (Checkliste 14).

Prüfpunkte	Ja	Nein	Maßnahmen
Hat jeder Vertriebsmitarbeiter eine schriftliche Erläuterung der Unternehmens- und Produktstrategien vorliegen?			
Werden diese Unterlagen mindestens einmal im Jahr aktualisiert?			
Gehört dazu auch eine Auflistung der strategisch wichtigen Argumente pro Produkt?			
Sind die Argumente in technische Eigenschaften/Merkmale und Vorteile für den Kunden unterteilt?			
Kennen die Verkäufer für jedes Argument einen Referenzkunden?			
Sind die Argumente gekennzeichnet, bei denen Sie eine Alleinstellung haben?			
Sind die Einsatzsituationen/Unzufriedenheiten der Kunden (auch Bedarf genannt) aufgeführt, die zu den Argumenten »passen«?			
Gibt es eine vergleichende Gegenüberstellung mit Wettbewerbsprodukten?			
Sind die zu erwartenden Einwände bekannt?			
Ist festgelegt, wie darauf reagiert werden kann?			

Checkliste 14: Grundlagen der Kontaktinhalte zur Strategieumsetzung

Herzlichen Glückwunsch, wenn Sie alle Fragen mit ja beantworten können. Und schicken Sie mir doch bitte ein Muster. Ich suche verzweifelt positive Beispiele.

> **FOKUS**
>
> 1. **Die Ableitung der Inhalte der Kundenkontakte wird meist den Verkäufern überlassen und ist kein Element der Strategieformulierung. Gesprächsthemen/Argumente und strategischer Ansatz liegen daher häufig weit auseinander.**
>
> 2. **Trotz einer hochentwickelten Marketingkultur haben simple Argumentations-Checklisten für den Verkauf, die neben technischen Eigenschaften auch die Kundenvorteile, die passenden Bedarfssituationen und Referenzobjekte beinhalten, noch immer Seltenheitswert.**

5. Das Kontaktverhalten

Die strategieumsetzende Gestaltung der Kontaktatmosphäre und der Kontaktinhalte setzt bereits ein bestimmtes Verhalten im Kundenkontakt voraus.

Über die Körpersprache, die Wortwahl und die Ausdrucksweise wird das Gesprächsklima beeinflußt, Images und psychologische Positionierungen werden für den Kunden greifbar. Produkte die kaum sachliche Unterschiede haben, werden dadurch von den Kunden plötzlich mit ganz anderen Augen gesehen oder vielleicht exakter ausgedrückt, mit zusätzlichen Nutzen und Erwartungen verbunden. Natürlich ist das keine spezielle Gesprächsphase, die am Anfang oder am Ende eines Gespräches steht, sondern die das Gespräch und den Kontakt zum Kunden permanent begleitet.

Etwas anders sieht es bei der Umsetzung der sachlichen Kontaktinhalte aus. Hier können die Punkte, an denen die Strategie berücksichtigt werden muß, genau angegeben werden (vgl. Abb. 60)

Zuerst ist es die **Bedarfsanalyse**. Es wird nicht irgendein Bedarf abgefragt, sondern das Gespräch wird gezielt auf die Bedarfssituationen gelenkt, die für die Wirksamkeit der strategisch wichtigen Argumente nötig sind. Es ist fast überflüssig zu sagen, daß auch bei der **Argumentation** die entsprechen-

5. Schritt: Die Durchführung der Verkaufsarbeit zur Strategieumsetzung

den Leistungseigenschaften und Kundenvorteile besonders herausgestellt werden. Wir erleben es leider immer wieder, daß alle denkbaren Argumente angeführt werden und nicht nur die, die wirklich dem Kundenbedarf entsprechen. Ein strategisches Profil kann so kaum entstehen bzw. wird sofort wieder verwässert. Will man Strategien im Kundenkontakt umsetzen, sollte man nicht mit Schrot schießen, sondern als Scharfschütze agieren (vgl. Abb. 60).

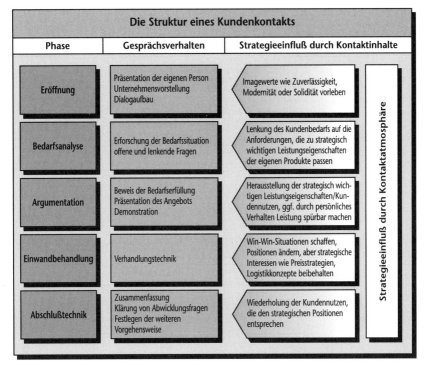

Abb. 60: Die Berücksichtigung der Strategie im Kontaktverhalten

Wenn **Einwände** behandelt und Zugeständnisse gemacht werden müssen, sollten trotzdem die strategischen Grundpositionen beibehalten werden. Gegebenenfalls müssen kreative Lösungen (Positionen) gefunden werden, mit denen die Interessen beider Verhandlungspartner gewahrt werden können. Wenn z. B. ein hoher Endverbraucherpreis für das Gelingen der Strategie wichtig ist, der Absatzmittler aber einen höheren Umschlag möchte, kann vielleicht durch geeignete Werbemaßnahmen eine Lösung gefunden werden, die allen Interessen gerecht wird.

Auch am Ende eines Kontakts bzw. bei Zusammenfassungen oder der Festlegung der weiteren Vorgehensweise sollten die strategisch wichtigen Argumente, Aussagen oder Maßnahmen im Mittelpunkt stehen.

> **FOKUS**
>
> **In praktisch jeder Phase eines Kundenkontakts muß sich die Strategie widerspiegeln. Ein Kundenkontakt ist deshalb erst dann gut, wenn er auch in einem richtigen Ausmaß die Strategie berücksichtigt hat.**

6. Das Teamverhalten

Es sollte nun für jeden deutlich geworden sein. Strategien können nur laufen lernen, wenn sich Vertrieb und Marketing und teilweise auch der Kunde als **Team** verstehen. Einzelleistungen mögen schön und gut sein. Den heutigen Anforderungen an die Marktbearbeitung werden sie nicht gerecht.

Aber es ist eben trotz aller hier beschriebenen Maßnahmen nicht so einfach, die Abteilungszäune abzuschaffen und verschiedene »Kulturen« miteinander zu verbinden. Natürlich hat man auch versucht, durch Änderungen der Organisationsform mehr Effizienz zu erreichen. Die Verschmelzung von Marketing und Vertrieb in einer Abteilung ist bisher aber noch niemandem wirklich gelungen. Es sind zwar klangvolle Positionsbezeichnungen wie »Geschäftsförderungsabteilungen« oder »Kunde-im-Mittelpunkt-Manager« entstanden. Unterm Strich hat sich dann aber doch nicht viel geändert. Es gibt nach wie vor eine Abteilung, die Informationen zentral auswertet und alle Aktivitäten zur Entwicklung, Ausgestaltung und Vermarktung von Produkten koordiniert. Und es gibt eine Abteilung, die die Kontakte zu den Kunden realisiert.

Doch was ist das Geheimnis des Erfolgs, was haben die Unternehmen gemeinsam, die hervorragend als Team arbeiten? Es ist nicht die Organisationsstruktur. Es ist vielmehr das **Teamverhalten** der einzelnen Mitarbeiter:

- Informationen werden strukturiert (und nicht nach eigenem Gutdünken) gesucht und ausgetauscht. Jeder interessiert sich für die Erfahrungen des anderen. Persönliches Know how wird nicht gehortet sondern investiert.
- Informationen werden nicht nur aufgenommen, sondern auch angenommen und verarbeitet. Der gemeinsame Erfolg ist reizvoller als die persön-

5. Schritt: Die Durchführung der Verkaufsarbeit zur Strategieumsetzung

liche Eitelkeit. Mannschaftsspieler sind gesucht und keine Einzelkämpfer.

- Es werden persönliche Hoheitsrechte (auch Kompetenzen genannt) aufgegeben und Vorgaben akzeptiert, um Synergien zu nutzen und die Gruppenkompetenz zu stärken.

Natürlich muß auch ein organisatorischer Rahmen geschaffen werden, in dem dieses Teamverhalten gelebt werden kann. Viele der in diesem Buch beschriebenen Arbeitsschritte sind sonst gar nicht möglich. Es müssen Informations- und Abstimmungsgespräche stattfinden und in Meetings gemeinsame Entscheidungen getroffen werden.

FOKUS

Jeder muß sich als Teil eines Ganzen und nicht als Nabel der Welt verstehen.

7. Ein Modell für einen strategischen Verkäufer

Die Anforderungen an einen strategieumsetzenden Verkäufer sind hoch. Er muß insgesamt sechs verschiedene Funktionsbilder beherrschen (vgl. Abb. 61):

Infobroker: Er muß im Markt Informationen suchen und anschließend reporten. Er muß aber auch Botschaften und Positionierungen aufnehmen, verstehen und im Markt plazieren.

Marktmanager: Er muß Ziele in Aktivitätspläne übersetzen können. Er hat viele Freiheitsgrade, muß sich selbst organisieren und die richtigen Schwerpunkte zum richtigen Zeitpunkt setzen.

Berater: Er muß dem Kunden helfen, erfolgreicher zu sein. Jede gute Strategie muß das als Ziel haben. Nur Produkte zu verkaufen, reicht schon lange nicht mehr aus.

Betreuer: Alle Kunden sind Menschen und nicht frei von Emotionen. Bei jedem Kontakt zu einem Lieferanten wird auch ein Stück persönliche Bedürfnisbefriedigung gesucht. Fast jeder Verkäufer sieht das als seine Stärke an. Fragen Sie aber mal seine Kunden.

Die fünf Schritte zur Strategieumsetzung im Vertrieb

Kriterien / Funktion	Informationsbroker	Marktmanager	Berater	Betreuer	Teamplayer	Verkäufer
Zielsetzung	Informationsvermittlung (Unternehmen -> Kunde) Informationsbeschaffung (Kunde -> Unternehmen)	regionale Marktanalysen Aktivitätsplanung Prioritätssetzung	Gemeinsame Absatzplanung Marktchancen Durchverkauf Anwendungstechnik Kundendienst	Ansprechpartner und Interessenvertreter zwischenmenschliche Kontaktebene	Interne Kooperation, Synergieeffekte, bessere Informationsgrundlage	Umsatz Deckungsbeitrag Hineinverkauf Distribution
Kontaktpartner	intern: • KAM • Marketing • Technik • Logistik extern: Inhaber Führungskräfte • Vertrieb • Einkauf • Technik	Marketing Key-Account-Management (KAM) Logistik Verkaufsleiter Kollegen	Entscheider und Beeinflusser (nach Vertriebsweg unterschiedlich)		Je nach Situation verschiedene Funktionsebenen im Unternehmen	Entscheider Einkauf Betriebsleiter Disponent
Kontaktinhalt	Infos über den Markt Kunde Wettbewerb eigenes Unternehmen Entscheidungskriterien	Strategien Vertriebsziele Erfahrungswerte	Anwendungstechnik Plazierungen Sortimentspolitik Aktionsplanung (endverbraucherorientiert) vertikales Marketing	persönliche Erlebnisse Ansichten, Meinungen Aktivierung/Bestärkung persönliche Ziele	Informationen Erfahrungen Einschätzungen Meinungen	Lagerbestände Regalware Aktionsmengen
Materialien Hilfsmittel	Checklisten Salesfolder Analyseleitfaden Reports Präsentationshilfen (Charts)	Statistiken Planungsmodelle (Plattform)	Kennzahlen Aktionskonzepte Maßnahmenplan Stärken-/Schwächenprofil Einsatzbeispiele	Kundentypologien individuelle Aktionsmittel (Incentives) persönliche Daten (Geburtstag)	Berichts-/Informationssysteme Meetings	Konditionsrahmen Aktionsangebote/ Postenkäufe
Wissen Fähigkeiten	Produkt- und Marktkenntnisse Präsentationstechnik Rhetorik	Analytische Fähigkeiten Zeitmanagement	Fragetechnik, Zuhören Argumentationstechnik, Überzeugungskraft Kommunikationsfähigkeit	Soziale Kompetenz Sympathieerweckung Empathie persönliche Begegnungsqualitäten	Integrationsfähigkeit Offenheit Feedback	Verkaufs- und Verhandlungstechnik Preisverkauf Abschlußtechnik

Abb. 61: Der strategische Verkäufer

5. Schritt: Die Durchführung der Verkaufsarbeit zur Strategieumsetzung

Teamplayer: Er muß Mannschaftsspieler sein, nicht Einzelkämpfer. Er muß auch intern Dienste leisten und den Ruhm teilen können. Er muß verstehen, daß er nur so auf Dauer Erfolg haben kann.

Verkäufer: Last but not least. Wir alle leben vom Ergebnis. Strategien müssen sich letztlich in Markt und Pfennig auszahlen. Auch der Strategische Verkäufer muß die Kunst beherrschen, Menschen zu überzeugen und Aufträge zu schreiben.

FOKUS

Gibt es einen faszinierenderen Beruf?

Schlußwort

Wenn alles gut geht, ist unsere Strategie, von der wir nun so viel gesprochen haben, vor den Wettbewerbsstrategien als erste über die Ziellinie gelaufen. Und vielleicht antwortet sie dann auf die Frage eines Reporters nach ihrem Erfolgsgeheimnis:

»Es waren nicht allein meine Erbanlagen, die faszinierenden Unternehmensvisionen, die mir zum Sieg verholfen haben. Es waren auch nicht allein meine mit viel Disziplin und Ausdauer trainierten Beine, unsere Vertriebsmannschaft.

Es war vor allem der perfekt koordinierte und abgestimmte Einsatz aller meiner Ressourcen.«

Kurzbiographie des Autors

Holger Dannenberg, Diplom-Kaufmann, studierte Marketing und Statistik an der Universität Münster. Seine Berufslaufbahn begann er im Unilever-Konzern und war bei Lever Sunlicht in verschiedenen Absatzpositionen tätig. Mit 30 Jahren gründete er gemeinsam mit einem Partner ein erfolgreich tätiges Dienstleistungsunternehmen. 1989 wurde er Partner der Unternehmensberatung Mercuri Goldmann International GmbH, Meerbusch. Er hat mit seinem Team mehr als 100 Unternehmen aller Größenordnungen und Branchen bei der Umsetzung von Strategien im Vertrieb beraten und begleitet.

Glossar und Key Words

Aktive Verkaufszeit
Der Teil der Arbeitszeit, den ein Verkäufer im direkten Kontakt mit Kunden verbringt.

Blinder Fleck
Informationen, die nicht aufgenommen oder erkannt werden (wollen), obwohl sie objektiv vorhanden sind. Dadurch läßt sich ein Großteil der Kommunikationsprobleme zwischen Marketing und Vertrieb erklären.

Berichtswesen
Ein meist stiefmütterlich vernachlässigtes und zur erweiterten Spesenabrechnung degeneriertes Kommunikationsinstrument zwischen Marketing und Vertrieb, gleichzeitig auch Steuerungsinstrument.

Bedarf
Grundlage eines jeden Kauf- bzw. Verkaufsprozesses. Genauere Bezeichnungen dafür sind Unzufriedenheit mit bestehenden Problemlösungen/Produkten oder Mangelzustände.

Category Management
Wird primär im Lebensmitteleinzelhandel verwendet. Entscheidungen über Produkte werden möglichst ganzheitlich getroffen, indem die Auswirkungen auf den Nettoertrag (s. a. DPR) der gesamten Produktgruppe unter Berücksichtigung aller Hersteller betrachtet werden.

CAS
Computer Aided Selling. Ein elektronisch unterstütztes Informations- und Berichtssystem für den Verkauf. Der Erfolgsgrad hängt davon ab, ob die richtigen Informationen enthalten sind und von den Beteiligten auch berücksichtigt werden.

Coaching
Die Entwicklung und Qualifizierung von Mitarbeitern durch Begleitung und Beobachtung bei der täglichen Arbeit. Die einzige Methode, die Qualität der Arbeitsleistung zu beurteilen und individuelle und praxisbezogene Hilfestellung zu geben.

Differenzierte Vertriebsziele
Dienen dazu, eine Marketingstrategie in Zielsetzungen für den Vertrieb zu übersetzen.

Glossar und Key Words

Kunden/-gruppenziele: Beschreiben, welche Ergebnisse bei einzelnen Kunden oder ganzen Kundengruppen für die Strategieumsetzung erreicht werden sollen. Kundengruppen können dabei nach Status (alt-neu), nach Branchen, nach Potential, nach Größe, nach Regionen, nach Etablierungsgrad von Wettbewerbern unterschieden werden.

Produkt/-gruppenziele: Beschreiben, welche Ergebnisse für einzelne Produkte oder ganze Produktgruppen für die Strategieumsetzung erreicht werden sollen,

Positionierungsziele: Beschreiben weitere Ergebnisse, die der Vertrieb realisieren soll und die für die Strategieumsetzung wichtig sind, z. B. Preisstellungen, Informationspenetration, Etablierungsgrad (Markt-/Verhandlungsplattform bei einzelnen Zielgruppen), Image, Kundenzufriedenheit, Servicegrad.

DPR — **D**irekte **P**rodukt **R**entabilität. Wird primär im Lebensmitteleinzelhandel verwendet. Nicht nur die Handelsspanne und der Umschlag eines Produktes werden als Grundlage für Entscheidungen betrachtet sondern auch der entsprechende Handlingaufwand, Lagerkosten, Platzbedarf.

ECR — Efficient Consumer Response. Wird primär im Lebensmitteleinzelhandel verwendet. Der Begriff umschreibt die engere Vernetzung von Hersteller und Handel durch den Austausch verschiedener Daten. Dazu gehören insbesondere die Daten der Scannerkassen des Handels über die Abverkäufe. Ziel ist meistens die Erschließung zusätzlicher Kostensenkungspotentiale durch optimierte Lieferrhythmen, Lagerbestandsführungen und Produktionssteuerungen, die sich exakt an den Abverkäufen ausrichten.

Erfolgsquoten — Sind ein wesentlicher Bestandteil der Vertriebskennziffern und beschreiben das Verhältnis von Gesamtkontakten zu erfolgreichen Kontakten.

Glossar und Key Words

Laufen lernen
Mit wieviel Kunden müssen z. B. Verhandlungen geführt werden, um einen Auftrag zu erzielen?
Die Koordination und Steuerung aller Vertriebsressourcen eines Unternehmens, damit Strategien nicht ein theoretischer Torso bleiben, der sich nicht selbständig im Markt fortbewegen kann.

Meilensteine
Wichtige Teilentscheidungen im Rahmen eines Kauf- und Überzeugungsprozesses. Das Zerlegen des Weges zur Zielerreichung in Meilensteine erleichtert die systematische Aktivitätsplanung.

Plattformsystem
Beschreibt die Marktposition für ein Produkt aus Vertriebssicht und ist ein unerläßliches Instrument für eine systematische Aktivitätsplanung.
Kaufplattform:
Umfaßt alle kaufenden Kunden. Aktivitäten sind die Betreuung, Bindung und der Ausbau der Kunden.
Verhandlungsplattform:
Umfaßt alle potentiellen Kunden mit denen konkrete Verhandlungen geführt werden. Aktivitäten sind das Erreichen von Meilensteinen, Erstellen von Angeboten.
Marktplattform:
Umfaßt alle potentiellen Kunden, die grundsätzlich »geeignet« sind. Aktivitäten sind das Identifizieren und Qualifizieren von potentiellen Kunden.

QRQ
Beschreibt die drei grundsätzlichen Stellschrauben der Vertriebsarbeit.
Quantität:
Anzahl der Vertriebsaktivitäten (Kontakte, Demonstrationen).
Richtung:
Kundengruppen und Zielpersonen der Aktivitäten, aber auch Produkt-, Argumentations- und Verhaltensschwerpunkte (differenzierte Vertriebsziele).

Glossar und Key Words

Qualität: Sachlich, verkaufstechnisch und rhetorisch richtige Durchführung der Aktivitäten.

Produkt-Kunden-Matrix Eine Kombination verschiedener Vertriebsziele, so daß für jeden Kunden/-gruppe ein eindeutiges und strategiekonformes Produktziel festlegt wird.

Verkaufsleitungsplan Umfaßt die differenzierten Vertriebsziele, die Aktivitätsplanung und die notwendigen Qualifikationsmaßnahmen für einen Verkäufer. Bei seiner Erstellung sollten die Ergebnisse und Aktivitäten der Vergangenheit sowie der bisherige Qualifikationsstand betrachtet werden.

Vertriebskennziffern Geben Relationen zwischen wichtigen Vertriebsaktivitäten und Ergebnissen an. Dazu gehören die Erfolgsquoten aber auch Kennziffern wie z. B. die durchschnittliche Anzahl der Besuche bei einem kaufenden Kunden oder der durchschnittliche Umsatz pro Neukunde. Diese Vertriebskennziffern sind u. a. die Voraussetzung für die Kapazitätsplanung einer Vertriebsmannschaft.

Vertriebskonzeption (Konzeptionsebene Vertrieb) Sie legt personenunabhängig die Rahmenbedingungen für die Vertriebsarbeit fest. Dazu gehören die Vertriebsziele, die Organisationsstruktur, die Steuerungssysteme und die unterstützenden Maßnahmen.

Sales Lead Time Bezeichnet den Zeitrahmen vom ersten Kontakt zum Kunden bis zu ersten Auftrag.

Umsetzungs-Workshop Workshops, die sich im Gegensatz zu Trainings oder Schulungen auf die direkte Strategieumsetzung im Vertrieb konzentrieren. Konkrete und strategieumsetzende Anforderungsprofile, Meilensteine-, Bedarfs-, Argumentations-, Einwandchecklisten und Aktivitätspläne werden erarbeitet.

Stichwortverzeichnis

Absatzkanäle 18, 86
Absatzmittler 18, 47, 49, 50, 65, 84, 97, 155
Akquisition 134
Akquisitionstätigkeiten 138
aktive Verkaufszeit 26
Aktivitätsmanagement 59
Aktivitätsplanung 40, 122, 123, 124, 125, 135, 136, 140, 144
Aktivitätsvolumen 103, 143, 144
Alleinstellungsmerkmal 23
Anforderungsprofil 138
Arbeitseffizienz 26
Argumentation 154
Argumentationskataloge 111
Ausbildung 101, 110
Außendienst-Verkäufer 28, 30

Bedarf 151
Bedarfsanalyse 154
Berichtssystem 70, 100
Berichtswesen 68
Beurteilungskriterien 106
Beurteilungssysteme 101, 105, 106, 110

Coaching 128
Controlling 87

Deckungsbeitrag 102, 121, 150
Distributionspolitik 17, 85
Distributionsziele 86
Durchschnittspreise 83
Durchschnittsrabatte 83

Effektivitätssteigerung 27
Einkaufsentscheidungen 79
Einwände 155
Elfenbeinturm 35, 45
Elfenbeinturmmentalität XVI
Entlohnung 29
Entlohnungssystem 103, 100
Entscheidungshierarchien 53
Entscheidungskriterien 53, 79, 87
Entscheidungsrhythmen 27

Erfolgsquote 143, 144, 145

Frühwarnsystem 144
Führungsaufgabe 118, 123
Führungskräfte 118, 120, 121, 126, 128, 130
Führungsverhalten 127

Gebietspotentiale 40
Gesamtumsatz 94

Handel 49, 115
Handelsmarketing 50

Image 38, 41, 89, 91, 94, 150
Implementierung 6, 7
Informationsquellen 44
Innendienst 96, 98, 145
Innendienstmitarbeiter 127
Innendienstverkäufer 90, 97
Investitionsgüter 47, 52
Investitionsgüterindustrie 7, 83

Kaufentscheidungen 24, 46
Kaufplattform 136
Kennzahlen 143
Kennziffern 63
Key-Account-Management 50, 73, 96, 99, 102
Key-Account-Manager 50, 73, 99, 102
Kommunikation 64, 89, 91
Kommunikationspolitik 17, 89, 92
Konditionen 83, 84
Konsumgüter 68
Konsumgüterhersteller 48, 115
Konsumgüterindustrie 72
Konsumgüterunternehmen 48
Kontaktatmosphäre 145, 146, 147
Kontaktfrequenzen 89
Kontaktstärke 86
Kontaktverhalten 154
Kundenbedürfnis 151
Kundenbesuche 128
Kundendeckungsbeiträge 83
Kundendienstmitarbeiter 90

Stichwortverzeichnis

Kundendiensttechniker 96, 97, 98, 101, 127
Kundengruppen 18, 38, 86, 94, 136, 137
Kundenkarteien 30
Kundenkontakt 22, 26, 41, 70, 90, 128
Kundenorientierung 41, 94
Kundenportfolio 95
Kundenpotentiale 40
Kundenstrukturziele 138
Kundenzielsetzungen 119
Kundenzufriedenheit 100, 102

Leistungsbestandteil 81
Leistungseigenschaften 18, 53, 94, 151
Leistungskriterien 41, 79
Leistungsmerkmale 38, 151
Leistungsvorteile 150, 151
Lernprozeß 112
Lernverhalten 124

Markenartikels 47
Marketinginstrumentarium 17
Marketinginstrumente 18, 76
Marketingkonzepte 7
Marketingmix 17, 85
Marketingstrategien 46, 47, 59
Marketingziele 72
Marktforschungsinformationen 47, 52
Marktforschungsinstitute 120
Marktforschungsinstrumente 56
Marktforschungsmethoden 46, 48
Marktplattform 137
Marktsegmente 18
Meilensteine 103, 140, 143
Motivation 40, 45, 57, 103, 119, 124, 131, 133, 134

Neuprodukteinführungen 8, 61, 70

Operationalisierung 6, 17

Personenpräferenzen 24
persönlicher Verkauf 22
Plattformsystem 136, 143
Positionierungen 38, 41, 58, 59, 146, 150
Positionierungsziele 94, 120
Präferenzstrategien 23
Prämien 101
Preispolitik 17, 72, 83

Preisstrategien 83
Produkt-/Kundenmatrix 75
Produktbestandteil 80, 81, 82
Produktentwicklung 81, 82
Produktgruppen 38, 94, 137
Produktionsprozeß 39
Produktleistung 64, 79
Produktmanagement 47
Produktpolitik 17, 49, 72, 78
Produktpräferenz 23
Produktzielsetzungen 119
Prospekte 116
Provisionen 101
Provisionssatz 29

QRQ-Prinzip 123
Qualifikation 127, 129
Qualifikationseinschätzung 127

Rabatt 83, 116
Reengineering 6

Sales Lead Time 27, 144
Salesfoldern 116
Schnittstellen 19
Seminare 111
Servicetechniker 90
Steuerungsinstrumente 38, 57, 105, 106
Steuerungssysteme 100, 101
Strategiealternativen 74
Strategieebenen 74
Strategieelemente 36, 41, 64, 72
Strategieentwicklung 36
Strategieerfolg 94
Strategieerstellung 54, 55
Strategieformulierung 44, 45
Strategieimplementierung 27, 45, 122
Strategieinformationen 72
Strategiekompetenz 111
Strategieumsetzung XVII, 7, 8, 29, 35
Strategieziele 28, 93

Team 156
Tourenplanungen 27, 29, 135, 136

Umsetzungsdefizite 44
Umsetzungsinstrument 19, 35, 44
Umsetzungs-Workshops 111, 116
Unternehmenspräferenz 24

Stichwortverzeichnis

Verhaltensaspekte 41
Verhandlungsplattform 140, 143
Verhandlungsstatus 142
Verkaufsbezirke 118
Verkaufsförderung 114
Verkaufsförderungsaktionen 116
Verkaufsförderungsmaßnahmen 38
Verkaufsingenieur 82
Verkaufsleitungsplan 126, 131
Verkaufszeit 58
Vermarktungssituation 36
Vertriebsaktivitäten 62, 125
Vertriebsaufgaben 73, 75, 76, 77, 88, 92
Vertriebsinformationen 35, 44, 73, 95
Vertriebsinnendienst 138
Vertriebskapazitäten 58, 61, 63, 64, 75
Vertriebskennziffern 62, 67
Vertriebskonzeption 37, 38, 39, 40, 93, 118, 119
Vertriebsprozesse 36
Vertriebssteuerung 28
Vertriebssystem 85
Vertriebsziele 36, 37, 40, 73, 93, 95, 100, 121, 136
Verwendungsschwerpunkte 41
Visionen 5, 45, 134
VKF 114

Weiterbildung 101, 110, 111
Werbung 89
Wettbewerbsaktivitäten 47, 56, 65
Wettbewerbsbeobachtung 56, 57
Wettbewerbssituation 93
Wettbewerbsverhalten 56
Wirkungsdimensionen 18, 19

Zielerreichungsgrade 38, 127
Zielsetzungen 119

Huckemann/ ter Weiler
Messen Meßbar Machen
1995, XXIV, 208 Seiten, gebunden
inklusive Messe-Aktionsplan
98,- DM / 725,- ÖS / 98,- SFR
ISBN 3-472-02146-2

Bezug über Buchhandel
oder Verlag.

Fax 02631/801-210

Ihr Messeerfolg mißt sich am Erfolg Ihrer Kunden...

- Messen sind trojanische Pferde für Marketing & Vertrieb
- Messen sind wichtige Türöffner zum Andocken vieler Noch-nicht-Kunden
- Messen sind Foren für „Traumtermine" hartnäckig nachzufassen nach der Messe
- Messen dauern länger als sie dauern!

Praxis Pur!

Checklisten, Best-Practice-Beispiele, kommentierte Key Words. Eine Infothek mit deutschen, österreichischen und schweizer Adressen. Mit Statements der Messechefs sämtlicher Leitmessen im deutschsprachigen Raum.

Aus dem Inhalt
- Messeziele
- Marktbearbeitungsstrategien/ Plattformkonzept
- Aktionsprogramm unter ROI-Gesichtspunkt
- Kontaktpipeline
- Erfolgsfaktoren und Kennzahlen
- Standpersonal + Führung als Erfolgsfaktoren Ihrer Präsentation
- QQR-Konzept: Quantität/Qualität/Richtung
- Wettbewerbsbeobachtung/Mafo
- Follow-Up-Maßnahmen

Die Großen 500

Deutschlands umsatzstärkste
Unternehmen mit
Anschriften, Management,
Unternehmenszahlen und
-nachrichten
2. überarbeitete und
erweiterte Auflage (mit
regelmäßiger Aktualisierung)
Hrsg. von Ernst Schmacke
und Ralf Jaeckel

Loseblattwerk, 1996, DIN A4
2 Ordner,
Grundwerk ca. 2000 Seiten
298,– DM/ SFR ; 2205,– ÖS
ISBN 3-472-02735-5

Wirtschaftsinformationsdienst: die größten deutschen Unternehmen

Die Großen 500, seit über 25 Jahren das Standardwerk der Unternehmensinformationen, präsentieren sich ab sofort inhaltlich stark erweitert und graphisch völlig neu aufgebaut. Zahlen, Fakten, Adressen, Personalien. Deutschlands Große 500 – transparent, mit Beteiligungen, Tochtergesellschaften und Niederlassungen.
Kriterium für die Aufnahme: mindestens 1 Milliarde DM Umsatz. Der Personenteil wurde stark aufgebohrt: Vorstand, Geschäftsführer, Generalbevollmächtigte, Direktoren. Über 80 % Ansprechpartner in Öffentlichkeitsarbeit und Presse mit Telefon-Durchwahl. Verantwortliche in Marketing, Werbung, Verkauf. Aufsichtsrat, Beirat und Geburtstagsliste. Jeden Monat für unsere Kunden neu recherchiert und aktualisiert.

Kontinuierliche Anpassung an die heutigen Informationsbedürfnisse

Das markante an diesem Werk: Die klare Trennung in einen von den Unternehmen bestätigten Datenteil und einen redaktionell exklusiv recherchierten Nachrichtenteil. Ein in 25 Jahren gewachsenes Informations-Netzwerk, eine personell gestärkte, professionelle Redaktion und zwei Herausgeber bürgen für Qualität, Aktualität und hohen Nutzen der Informationen.

Das Werk richtet sich an

➤ alle Unternehmen, die Geschäftsbeziehungen mit den Großen 500 pflegen oder aufbauen möchten,
➤ an Vorstände, Geschäftsführer, Geschäftsführungsassistenten, Vorstandsreferenten, Vorstandssekretariate, Chefsekretärinnen, PR-Fachleute, Marketingleiter, Werbeberater, Kundenberater,
➤ an Unternehmens- und Personalberater,
➤ an Aufsichtsräte,
➤ an Firmenkundenberater und die Kapitalmarktanalyse in Banken,
➤ an Verbandsgeschäftsführer, Parteien, Soziale Organisationen und Kammern.

Für das Kontaktieren von Entscheidungsträgern in den Großen 500. Die direkte Geschäftsanbahnung per Brief, Telefon, Fax oder neue Medien. Das schnelle und kompetente Gesprächsvorbereiten. Die Unternehmens- und Marktanalyse.